第4版 民事訴訟第一審手続の解説

―事件記録に基づいて―

は　し　が　き

　本書は，平成元年に刊行した「民事訴訟第一審手続の解説―事件記録に基づいて―」の第4版で，司法研修所の教材として用いられている「第4版　民事訴訟第一審手続の解説―別冊記録に基づいて―」の「別冊記録」を「事件記録」として本文に合冊したものです。

　現実の事件記録を参考にして作成した記録を用いて，訴えの提起から判決の言渡しに至るまでの民事事件の第一審手続を実務の実際に従って解説したものです。

　実務に携わる各位の好個の参考資料と思われるので，当局のお許しを得て頒布することといたしました。

　　令和元年12月

　　　　　　　　　　　　　　　　　一般財団法人　法　　曹　　会

凡　例

判　例

　　最高裁判所判決の出典の後に付した〔　〕内の数字は，法曹会発行最高裁判所
判例解説民事篇中の解説番号を示す。

文　献

　　「要件事実第一巻」・・・・・・・増補民事訴訟における要件事実第一巻

　　「類型別」・・・・・・・・・・改訂紛争類型別の要件事実

　　「起案の手引」・・・・・・・・１０訂民事判決起案の手引

　　「新問研」・・・・・・・・・・新問題研究要件事実

引用法令の略語例

　　法・・・・・・・・・民事訴訟法（平成８年法律第１０９号）

　　規・・・・・・・・・民事訴訟規則（平成８年最高裁判所規則第５号）

　　民法・・・・・・・・民法の一部を改正する法律（平成２９年法律第４４号）
　　　　　　　　　　　　による改正前の民法

　　民執・・・・・・・・民事執行法

　　民訴費・・・・・・・民事訴訟費用等に関する法律

　　改正民法・・・・・・民法の一部を改正する法律（平成２９年法律第４４号）
　　　　　　　　　　　　による改正後の民法

　　改正民法附則・・・・民法の一部を改正する法律（平成２９年法律第４４号）
　　　　　　　　　　　　附則

目　　　次

第1　はじめに

　本書は，現実の事件記録に基づいて作成した別冊記録（○○地方裁判所平成28年㈠第577号保証債務履行請求事件）を用い，これに即して，訴えの提起から判決の言渡しまでの民事訴訟の第一審手続をその審理の段階に応じて解説し，訴訟運営の在り方を明らかにするものである（手続の概要については，巻末の「第一審手続の流れ」参照）。

　最初に，あるべき民事訴訟の運営を一言で要約すれば，裁判所が当事者及び訴訟代理人と協力して，早期に紛争の全体像を把握し，的確な争点及び証拠の整理（以下「争点等の整理」又は「争点整理」という。）をした上（法164～178条），整理された争点について最良の証拠を提出し合って証拠調べを集中的に行い（法182条），これに基づいて最も適切な紛争の解決を図ることである。この審理過程において，裁判所は，訴訟が公正かつ迅速に行われるように努め，当事者は，信義に従い誠実に訴訟を追行しなければならない（法2条）。

　以下では，訴えの提起から口頭弁論の開始まで（第2），第1回口頭弁論期日以降（第3）という段階に分けて解説する。なお，弁護士としての訴訟活動やこれに伴う民事保全手続，民事執行手続については，「民事弁護の手引」，「民事弁護における立証活動」，「民事弁護教材民事保全」，「民事弁護教材民事執行」を参照されたい。

第2　訴えの提起から口頭弁論の開始まで

1　訴えの提起
　民事訴訟の第一審手続は，訴えの提起によって開始される。
　訴えの提起は，原則として，訴状を裁判所に提出して行う（法133条1項。例外として，簡易裁判所における口頭による訴えの提起－法271条，訴え提起前の和解が不調の場合における当事者双方の申立てによる訴訟への移行－法275条2項，督促異議の申立てによる訴訟への移行－法395条）。したがって，訴訟手続は，原則として，訴状の提出によって開始される。

＊　法133条1項の例外として，上記のほかに，損害賠償命令の申立てについての裁判に対する異議申立てによる訴訟への移行（犯罪被害者等の権利利益の保護を図るための刑事手続に付随する措置に関する法律34条1項），労働審判に対する異議申立て，労働審判の取消し及び労働審判をしない場合の労働審判事件の終了による訴訟への移行（労働審判法22条1項，23条2項，24条2項），簡易確定決定に対する異議申

立てによる訴訟への移行（消費者の財産的被害の集団的な回復のための民事の裁判手続の特例に関する法律５２条１項）等がある。

　本件訴訟は，平成２８年８月２４日に訴状（別冊記録１６頁）が〇〇地方裁判所に提出されたことによって開始された。このことは，別冊記録中の訴状の右上に押された〇〇地方裁判所の受付印によって明らかである。

　なお，これから別冊記録を読むに当たって，事件記録の編成の概要を知っておくと便宜であるので，簡単に説明する。事件記録は三つに区分されている。これは「三分方式」と呼ばれるもので，その内容は，裁判所内部の通達（平成９年７月１６日最高裁総三第７７号事務総長通達等）によって定められている。これによると，最初の区分（第１分類）には，弁論関係の書類として，調書（口頭弁論調書，弁論準備手続調書，和解期日調書等），訴訟の終了を明らかにする書類（判決書，和解・放棄・認諾調書等）及び当事者の主張を明らかにする書類（訴状，答弁書，準備書面等）が，次の区分（第２分類）には，証拠関係書類として，書証目録・証人等目録，証拠説明書，書証の写し，証拠調べ調書，証拠申出書等が，そして，最後の区分（第３分類）には，その他の書類として，訴訟代理権を証する委任状，法人の代表者の資格を証する書面，送達報告書等がつづられる。本件の別冊記録も，この「三分方式」によって編成されている。

２　訴状

⑴　必要的記載事項（法１３３条２項）

　　民事訴訟は，原告と被告との間で争われている原告の権利又は法律関係の主張の当否を審判することを目的とするものであるから，訴状では，訴訟の主体である当事者と審判の対象である請求とを特定しなければならない。

ア　当事者の特定

　　当事者は，通常，氏名の記載によって特定されるが，更に正確を期するため，住所（法人の場合には事務所の所在地）も記載するのが通例である。住所を記載するのは，訴状及びその後の裁判書類を送達するときの便宜のためでもある。

　　法定代理人（法人の代表者についても同じ。法３７条）の記載も訴状の必要的記載事項とされているが，これは当事者の特定のために必要とされているものではなく，当事者が訴訟無能力者や法人等の団体である場合には，現実の訴訟追行者を明確にしておくことが望ましいとの理由に基づくものである。

本件でも，原告株式会社ゴールドエース（以下「原告」という。）の名称及び事務所の所在地並びに被告沢村俊治（以下「被告」という。）の氏名及び住所が記載されており，当事者は特定されている。

イ　請求の特定－訴訟物

原告の主張は，原則として，一定の権利又は法律関係の存否の主張という形式をとる（例外として，例えば，証書真否確認の訴え－法１３４条）。その主張が請求であり，その内容である一定の権利又は法律関係を訴訟物という。

請求は，請求の趣旨及び請求の原因（法１３３条２項２号，規５３条１項参照。なお，「請求の原因」は，「請求原因」，「請求原因事実」ともいう。）により特定される。請求を特定することにより，被告は請求を認諾することが可能になる。請求を特定することは，訴訟物を特定することでもある。また，訴訟物は，訴えの変更（法１４３条）の要否，請求の併合（法１３６条）の可否，重複する訴えの提起の禁止（法１４２条），既判力の（客観的）範囲（法１１４条１項）等の判断に当たって基準となる。

訴訟物の理解については，いわゆる新訴訟物理論と旧訴訟物理論が対立しているが，本書では，現に行われている実務を解説するという観点から，旧訴訟物理論によることにする。

㋐　請求の趣旨

請求の趣旨は，原告が訴状によって主張している一定の権利又は法律関係についての結論に相当するものである。すなわち，請求の趣旨は，原告がどのような権利又は法律関係を訴訟物とし，どのような範囲，どのような形式（給付，形成，確認のいずれか）の判決を求めているかを明らかにするものである。請求の趣旨では，慣例上，求める判決主文と同一の文言が使用される。

a　給付訴訟の場合

例えば，貸金請求事件では，請求の趣旨として，「被告は，原告に対し，〇〇円を支払え。」というように，一定額の金銭の支払だけを抽象的に表示する。したがって，支払を求めている一定額の金銭がどのような法的性質の給付請求権であるかを特定するのは，請求原因の役割となる。

b　形成訴訟の場合

例えば，離婚請求事件では，請求の趣旨として，「原告と被告とを離婚する。」と表示し，離婚原因までは表示しないのが通例である。ここで，離婚原因ごとに訴訟物が異なるという立場（最判昭

３６．４．２５民集１５．４．８９１〔４６〕）を採れば，この場合に
訴訟物を特定するのは，請求原因の役割となる。
　　　ｃ　確認訴訟の場合
　　　　例えば，債務不存在確認請求事件では，請求の趣旨として，「原
　　　被告間の平成○年○月○日の消費貸借契約に基づく原告の被告に
　　　対する元金○○円の返還債務が存在しないことを確認する。」とい
　　　うように表示される。確認訴訟においては，確認の対象となる訴
　　　訟物が請求の趣旨で具体的に特定して記載されるから，訴訟物の
　　　特定のためには，請求の趣旨のみで足り，更に請求原因を必要と
　　　しない。このように請求の趣旨に確認の対象となる権利義務の法
　　　的性質とその範囲が明示されるのは，確認訴訟が専ら法律関係の
　　　公権的確定をもって紛争の解決を図る訴訟類型であることに由来
　　　する。
　(イ)　特定方法としての請求原因（法１３３条２項２号，規５３条１項）
　　　　請求原因の記載は，(ア)で述べたように，給付訴訟及び形成訴訟に
　　　おいては，まず請求の特定のために必要とされるのであるが，その
　　　特定の仕方は物権と債権とでは異なる。
　　　　物権は，権利の主体と権利の内容によって特定される。これは，
　　　物権が絶対的，排他的権利であり，同一人に帰属する同一内容の物
　　　権は他に存在しないことによる。特定の土地の原告の所有権といえ
　　　ば，それは１個だけであり，取得原因いかんによって異なるもので
　　　はない。
　　　　これに対して，債権は，権利義務の主体，権利の内容，発生原因
　　　によって特定される。これは，債権が相対的，非排他的権利であり，
　　　主体及び内容が同一であっても，発生原因が異なれば別個の権利で
　　　あることによる。したがって，例えば，契約に基づく金銭支払請求
　　　権であれば，通常，契約の当事者，契約の種類，契約の締結日，金
　　　額等によって特定される。それらをどこまで具体的に記載しなけれ
　　　ばならないかは，他と誤認混同を生じる可能性があるか否かという
　　　相対的な問題であり，事案によって異なる。
　(ウ)　本件の請求の趣旨
　　ａ　請求の趣旨１項
　　　　訴状の第１「請求の趣旨」１項をみると，本件の請求が被告に
　　　対し金銭の支払を求める給付請求であることは分かるが，その法
　　　的性質及び権利の個数は，これだけでは分からない。原告が被告
　　　に対し，どのような請求権を幾つ主張しているのかは，請求原因

の記載によって認識するほかはない。

　請求の趣旨の表示は確定的でなければならない。そこで，請求の趣旨１項後段の「これ（１０００万円）に対する平成２３年９月１日から支払済みまで年６分の割合による金員」という部分が確定性の要件を満たしているかが問題となる。本来，文章自体から求める金額が一義的に明らかでない表示は，確定性の要件を欠くともいえる。しかし，「支払済みまで」という記載は，この判決に従って弁済をし又はこれを受ける原告，被告にとってはその時期はおのずから明らかであり，執行機関としてもその時期を執行手続上知ることができる。このように，その手続内でおのずから判明する時期が表示されている以上，「支払済みまで」という表示でも，弁済の際に具体的な金額を計算することが可能であり，確定性の要件を満たしていると解される。

　また，請求の趣旨１項の請求のうち，口頭弁論終結後に発生することになる部分は，将来の給付の訴え（法１３５条）である。将来の給付を求める訴えを提起するためには，あらかじめその請求をする必要があることが要件とされている（同条）が，通常，既発生分の金銭について履行がない場合には，将来発生すべき分についてあらかじめ請求する必要があると解されている。

ｂ　請求の趣旨２項

　訴状の第１「請求の趣旨」２項で，原告は，「訴訟費用は被告の負担とする」として，訴訟費用を相手方の負担とするとの裁判の申立てをしている。これは，付随的申立てといわれるもので，訴訟物についての請求ではない。

　訴訟費用の裁判は，私法上の給付請求権である訴訟費用賠償請求権についての裁判であるが，裁判所は，職権でその負担の裁判をしなければならないとされている（法６７条１項）。したがって，この申立ては裁判所の職権発動を促す意味を有するにすぎない。

ｃ　仮執行の宣言（法２５９条）

　仮執行の宣言の申立ても付随的申立ての一つである。原告は，訴状の第１「請求の趣旨」の中で「仮執行の宣言を求める。」と記載しており，これが原告の仮執行宣言の申立てである。

　仮執行の宣言の申立てがある場合には，必ずこれに対する判断を示さなければならない（仮執行の宣言を付するのが必要的な場合として，法２５９条２項等）。申立てがない場合にも職権で付することができるが，実務上，申立てがない場合には，仮執行の宣

言を付さないことが多い。また，担保を条件として仮執行の宣言を付することを求めている場合には，無担保で仮執行の宣言を付することは少ない。反対に，無担保で仮執行の宣言を求めてきても，担保を条件として仮執行の宣言を付することもある。

㈎ 本件の訴訟物

訴訟物は，請求権の法的性質を明らかにすることによって特定されるものであるから，訴訟物を明確にするためには，実体法上の解釈論を踏まえて原告の主張を理解しなければならない。

それでは，原告が請求の趣旨1項で求めている金銭支払請求の訴訟物は何か。

訴状の第2「請求の原因」において，原告は，よって書き（訴状の第2「請求の原因」6項）に「原告は，被告に対し，本件連帯保証契約に基づき，1000万円及びこれに対する平成23年9月1日から支払済みまで年6分の割合による金員の支払を求める。」と記載している。一般に，原告は訴状を作成する際，よって書きに，訴訟物を明示することが慣行とされており，上記の記載によれば，原告が請求の趣旨1項で支払を求めている請求権が本件連帯保証契約（「本件連帯保証契約」とは，訴状の第2「請求の原因」4項で，同項記載の保証契約をいうものとされている。以下，本書でもこの略称に沿って呼称する。）を根拠とするものであることが分かる。また，訴状の第2「請求の原因」4項によれば，原告は，本件連帯保証契約の締結の事実を主張しており，原告が本件連帯保証契約に基づく被告の債務の履行を請求していることが読み取れる。そうすると，原告としては，本件の訴訟物の発生原因は，連帯保証契約であると考えているように見えるが，連帯保証債務は，保証契約において，保証債務の持つ補充性を奪って債権者の権利を強化するため，保証人が主たる債務者と連帯して債務を負担することを特約することによって成立する債務であり，連帯保証契約は保証契約に特約が付されたものと解するのが相当である。したがって，本件での訴訟物は，保証契約に基づく保証債務履行請求権である（類型別38頁）。

次に，請求の趣旨やよって書きに記載された「これ（1000万円）に対する平成23年9月1日から支払済みまで年6分の割合による金員」の支払を求める部分が別個の訴訟物を構成するかについて検討する。上記の部分は，よって書きの「本件連帯保証契約に基づき」との記載や，起算点が平成23年9月1日とされており，本件消費貸借契約（「本件消費貸借契約」とは，訴状の第2「請求の原因」2

項(1)で，同項(1)記載の消費貸借契約をいうものとされている。以下，本書でもこの略称に沿って呼称する。）に基づく貸金返還債務の履行期が同年８月３１日とされていることによれば，本件消費貸借契約に基づく貸金返還債務の履行遅滞による損害賠償債務について，上記の保証契約に基づき保証債務の履行を求めるものであって，保証債務の履行遅滞に基づく損害賠償債務の履行を求めるものではないと解されるから，保証契約に基づく保証債務履行請求権とは別個の訴訟物を構成するものではない（類型別３９頁参照）。

　　　以上によれば，本件では，訴訟物は，保証契約に基づく保証債務履行請求権１個となる。

　(オ)　附帯請求

　　　主たる請求と同じ事実関係から生じた「果実，損害賠償，違約金又は費用」を主たる請求と同一の訴えで請求する場合の当該請求（法９条２項）を附帯請求という。本件では上記のとおり附帯請求はないが，主たる請求を金銭請求とする訴訟の多くでは，主たる請求に係る債務の履行遅滞に基づく損害賠償請求権が併合して請求されることがみられる。その場合，主たる請求のみの価額によって訴額を算定し，附帯してされた請求（附帯請求）の価額は訴額に算入されない（同項）が，附帯請求も主たる請求と並んで独立の訴訟物であることを忘れてはならない。

(2)　実質的記載事項（規５３条）

　　訴状には，必要的記載事項のほか，請求を理由づける事実を具体的に記載し，かつ，立証を要する事由ごとに，当該事実に関連する事実で重要なもの及び証拠を記載しなければならない（規５３条１項）。また，訴状に事実についての主張を記載するには，できる限り，請求を理由づける事実についての主張と当該事実に関連する事実についての主張とを区別して記載しなければならない（同条２項）。このように，規５３条は，訴状の記載事項の充実を図り，裁判所及び相手方に対しその紛争の全体像を早期に提示させ，相手方に的確な反論をしやすくさせることとし，第１回期日から充実した審理が行われることを目指している。

ア　攻撃方法としての請求原因

　(ア)　意義

　　　訴状に記載される実質的記載事項のうち，最も重要なものは，攻撃方法としての請求原因である。これは，原告が主張責任を負う請求を理由づける具体的事実（規５３条１項）である。

　　　攻撃方法としての請求原因と特定方法としての請求原因はどのよ

うに異なるか。特定方法としての請求原因は，訴訟物として主張されている権利又は法律関係を特定するためのものであり，そのために訴状の必要的記載事項とされている。本件を例にとれば，「原告は，被告に対し，平成23年5月26日の保証契約（本件連帯保証契約）に基づく保証債務履行請求として1000万円及びこれに対する平成23年9月1日から上記元本支払済みまで年6分の割合による金員の支払を求める。」という法律上の主張である。

これに対して攻撃方法としての請求原因は，法律上の主張を理由づける事実である。本件における原告の被告に対する請求について，攻撃方法としての請求原因は，次のようになる。

① 原告は，星野真人（以下「星野」という。）に対し，平成23年5月25日，弁済期を同年8月31日として1000万円を貸し付けた。

② 株式会社スリーパー（以下「スリーパー」という。）は，星野に対し，①に先立ち，①の代理権を授与した。

③ スリーパーは，平成23年5月25日当時，株式会社であった。

④ 被告は，原告との間で，平成23年5月26日，①から③によるスリーパーの貸金返還債務を保証するとの合意をした。

⑤ 被告の④の意思表示は書面による。

⑥ 平成23年8月31日は経過した。

このように，攻撃方法としての請求原因と特定方法としての請求原因とはその意義及び機能が異なる。

もっとも，債権の場合には，請求の特定の方法として債権発生原因事実を用いるのが通常であるため，債権の発生原因事実を主張すれば，すなわち，攻撃方法としての請求原因を記載すれば，特定方法としての請求原因も記載されていることになる例が多い。

また，実務において，単に請求原因というときは，攻撃方法としての請求原因を指すことが多い。訴訟の実際においては，攻撃方法としての請求原因が当事者の攻撃防御の中心になるからである。

(イ) 要件事実

要件事実とは，一定の法律効果（権利の発生，障害，消滅，阻止）を発生させる法律要件に該当する具体的事実である（新問研5頁）。要件事実をこのように理解すれば，主要事実と同義であることになる。

ある権利の存否の判断は，その権利の発生，障害，消滅，阻止の法律効果を生じさせる法律要件に該当する事実，すなわち要件事実の

存否とその組合せによって行われるが，ある権利について，その権利の発生要件に該当する事実の存在が認められた場合は，その発生障害，消滅又は行使阻止の要件のいずれかに該当する事実が認められない限り，現にその権利が存在し，行使できるものと認識することになる。

　そして，具体的な要件事実が何か，その主張立証責任がどちらに分配されるかは，実体法規の解釈によって決められるとした上で，権利を発生させるもの，発生を障害するもの，消滅させるもの及び行使を阻止するものに分類し，その法律効果の発生によって利益を受ける当事者に主張立証責任があるとの考え方が有力である。

　具体的には，次のように説明されている。

(a)　ある契約から生ずる権利を主張しようとする者は，法条に定められたその契約成立の要件事実について主張立証責任を負う。

(b)　その契約に要素の錯誤，虚偽表示等があるとき契約は無効であるとの法条は，(a)の法条に基づく権利の発生の障害となる規定であって，これを主張しようとする者は，錯誤，虚偽表示等の要件事実について主張立証責任を負う。

＊　改正民法は，「法律行為の要素に錯誤があった」（民法９５条）という文言を，「錯誤が法律行為の目的及び取引上の社会通念に照らして重要なものであるとき」と改め，また，錯誤の効果を取消しに改めた（改正民法９５条１項）。

(c)　一たび発生した権利が，弁済，代物弁済，解除等によって消滅したことを主張しようとする者は，消滅事由を規定した法条に定めるそれぞれの要件事実について主張立証責任を負う。

(d)　留置権，同時履行の抗弁権，催告・検索の抗弁権等の実体法上の抗弁権を行使し又は履行期の未到来を理由として相手方の権利行使を一時的に阻止しようとする者は，阻止事由を規定した法条の要件事実について主張立証責任を負う。

　すなわち，権利の発生の点は，これを主張しようとする者の主張立証責任とし，権利の発生障害，消滅，阻止の点については，権利の存在を否定し又はその行使を阻止しようとする者の主張立証責任とする。そして，ある権利の発生が主張立証されたときは，消滅等の点について主張立証がない限り，その権利は存続しているものと扱われる。

　要件事実の過不足のない主張は，主張の理由づけ及び適切な審理

の前提として極めて重要である。すなわち，当事者が要件事実を十分に主張しない場合には，その攻撃防御方法は，立証を待つまでもなく排斥されてしまう（これを実務では，「その主張は主張自体失当である。」という。）。また，例えば，被告が第１回口頭弁論期日に欠席して答弁書等を提出していない場合には，原告の主張事実について自白したものとみなされ（法１５９条１項，３項），要件事実が尽くされた主張がされていれば，原告は，請求認容の勝訴判決（いわゆる欠席判決）を得ることができるのであるが，不備であるとこれを得ることができなくなる。さらに，裁判所としては，的確な釈明をして円滑な訴訟運営を図る役割が課せられているが，そうした役割を遂行するためにも，要件事実を正確に理解することが必要である。

(ｳ) 本件の要件事実

  a 保証契約に基づく保証債務履行請求権の要件事実

    本件における訴訟物は，保証契約に基づく保証債務履行請求権であるが，この要件事実を検討する。

    保証契約に基づく保証債務履行請求権の発生原因事実は，

    ① 主たる債務の発生原因事実

    ② 被告が原告との間で①の債務を保証するとの合意をしたこと

    ③ 被告の②の意思表示は書面によること

である（類型別３９頁以下）。

＊ 改正民法は，「事業のために負担した貸金等債務を主たる債務とする保証契約又は主たる債務の範囲に事業のために負担する貸金等債務が含まれる根保証契約は，その契約の締結に先立ち，その締結の日前一箇月以内に作成された公正証書で保証人になろうとする者が保証債務を履行する意思を表示していなければ，その効力を生じない。」（同法４６５条の６第１項）こととする。同法の施行日前に締結された保証契約に係る保証債務については，従前の例による（改正民法附則２１条１項）から，本件には，同法の上記規定は適用されない。

    仮に，本件が同法施行後に保証契約が締結された事案であったとしても，同法は，保証人になろうとする者が「主たる債務者が法人である場合のその理事，取締役，執行役又はこれらに準ずる者」である場合には，同法４６５条の６を適用しないこととしている（同法４６５条の９第１号）ところ，被告は，主たる債務者であるスリーパーの取締役であるから，保証契約の締結に先立って公正証書で保証債務を履行する意思を表示していることは必要ではない。

b　消費貸借契約に基づく貸金返還請求権及び履行遅滞に基づく損
　　害賠償請求権の要件事実
　　　本件では，上記aの①は，保証契約の主たる債務に係る債権であ
　る消費貸借契約に基づく貸金返還請求権及び同契約による貸金返
　還債務の履行遅滞に基づく損害賠償請求権の発生原因事実となる。
　　　これらのうち，消費貸借契約に基づく貸金返還請求権の発生原
　因事実は，
　　　①ⅰ　貸主が借主との間で金銭の返還の合意をしたこと
　　　　ⅱ　貸主が借主に対し金銭を交付したこと
　　　　ⅲ　貸主が借主との間で弁済期の合意をしたこと
　　　　ⅳ　弁済期が到来したこと
　である（新問研38頁以下，類型別26頁以下）。
　　　消費貸借契約や使用貸借契約，賃貸借契約のような貸借型の契
　約においては，その性質上，貸主において一定期間その目的物の
　返還を請求できないという拘束を伴うものであり，このような類
　型の契約においては，契約関係が終了したときに初めて，貸主は
　借主に対して目的物の返還を請求することができる（返還請求権
　が発生する）ことになり，貸金返還請求権は契約の終了を要件と
　していることになる。このように考えると，上記要件のうちⅰ及
　びⅱは，消費貸借契約の成立の要件であり，ⅲ及びⅳは消費貸借
　契約の終了の要件であると解することができる（新問研39頁）。
　　　これに対して，消費貸借契約が，一定の価値を一定の期間借主
　に利用させる性質を有し，目的物の交付を受けるや否や直ちに返
　還することはおよそ無意味であるから，このようないわゆる貸借
　型の契約類型にあっては，弁済期の合意は契約の本質的要素であ
　ると解した場合（類型別27頁，要件事実第一巻276頁）には，
　消費貸借契約の成立を主張する者は，消費貸借契約の成立要件と
　して，ⅰ及びⅱに併せてⅲを主張しなければならず，返還の請求
　のためには，それに加えてⅳも必要となると考えることになる。

＊　改正民法では，消費貸借について，民法587条を維持した要物契約とし
　ての消費貸借（改正民法587条）と諾成契約としての消費貸借（同法58
　7条の2）の二本立てとし，諾成的消費貸借を成立させるためには，消費貸
　借を「書面」ですることを要することとしている（同法587条の2第1項）。
　　改正民法の施行日前に消費貸借契約が締結された場合における同契約につ
　いては，従前の例による（改正民法附則34条1項）から，本件には，改正

民法の上記規定は適用されない。

　仮に，本件が改正民法施行後に消費貸借契約が締結された事案であったとしても，原告は，要物契約としての消費貸借を主張していると解されるから，消費貸借を書面ですることを主張する必要はない。

　さらに，遅延損害金請求権の発生原因事実は，
　　①ⅴ　元本債権の発生原因事実
　　　ⅵ　弁済期が経過したこと
　　　ⅶ　損害の発生とその数額
である（民法４１５条前段，４１２条）（類型別３１頁）。このうちⅴは，ⅰからⅳまでにほかならないから繰り返し主張する必要はない。履行遅滞については，民法４１２条に履行期の態様に従って規定されているが，本件は，期限の定めのある債務であるから，ⅵは弁済期の合意及びその経過によって表される。前者は，上記のとおりⅲとして主張されており，後者は，ⅳを含むものである。ⅶについて損害賠償の範囲について，同法４１６条の規定があるが，金銭債務の不履行については同法４１９条１項に特則があり，法定利率又は約定利率によって損害賠償の額が定められる。本件では，原告は，年６分の割合による遅延損害金を請求しているから，上記遅延損害金の支払債務が商行為によって生じた債務であることが必要となる（商法５１４条）。スリーパーは，株式会社であるところ，会社がその事業としてする行為及び事業のためにする行為は商行為とされており（会社法５条，最判平２０．２．２２民集６２．２．５７６〔８〕参照），会社は，自己の名をもって商行為をすることを業とする者として，商法上の商人に該当するから（商法４条１項），本件消費貸借契約の商行為性を基礎付けることができる。そうすると，スリーパーが，ⅰ及びⅱの当時，株式会社であることを示せば，本件消費貸借契約が商行為であり，それによって生じた遅延損害金の支払債務もまた商行為によって生じた債務に当たるというべきであり，その利率は商事法定利率である年６分が適用されることになる（商法５１４条）。

＊　改正民法４０４条は，民法４０４条（年５分の固定利率）と異なり，法定利率について変動制を基礎に据えたルールを採用している。利息を生ずべき債権について別段の意思表示がないときは，その利率は，その利息が生じた最初の時点における法定利率が適用されるところ（改正民法４０４条１項），利息を支

払う特約があるとき，利息の支払義務は金銭の交付日より生じるから（同法５８９条２項），金銭交付日の法定利率が適用される。また，金銭の給付を目的とする債務の不履行については，その損害賠償の額は，債務者が遅滞の責任を負った最初の時点における法定利率によって定める（同法４１９条１項本文）。民法改正に伴い，商法５１４条は削除されるので，改正民法の施行後は，商行為によって生じた債務であっても上記の規律による。

　改正民法の施行日前に利息が生じた場合におけるその利息を生ずべき債権に係る法定利率及び改正民法の施行日前に債務者が遅滞の責任を負った場合における遅延損害金を生ずべき債権に係る法定利率は，従前の例による（改正民法附則１５条１項，１７条３項）から，本件は，上記のとおり，年６分の商事法定利率が適用される。

　c　代理の要件事実
　　以上に加え，本件では，原告は，星野を代理人として，消費貸借契約が締結されたとの主張をしており，消費貸借契約に基づく貸金返還請求権の発生及び履行遅滞に基づく損害賠償請求権の発生のいずれにおいても代理の要件事実の主張が必要となる。代理の要件事実は，
　　　①viii　代理人が相手方との間で法律行為をしたこと
　　　　ix　viiiの法律行為の際，代理人が本人のためにすることを示したこと
　　　　x　本人がviiiの法律行為に先立って，代理人に対し，viiiの法律行為についての代理権を授与したこと
　　である（類型別４１頁）。もっとも，本件で，viiiはⅰからⅲであり，これらを繰り返して主張する必要はない。ixについて，商法５０４条本文が，商行為の代理人については顕名が不要である旨定めているところ，本人であるスリーパーがⅰからⅲの当時株式会社であることを示せば足りる。ｘは，代理権の発生原因として，代理権授与行為の主張が必要となる。
　ｄ　以上によれば，本件で原告が主張すべき要件事実は，上記①のⅰからⅲ，ⅵ及びｘ，上記②並びに③に相当する具体的事実のほかに，上記①のⅰからⅲの当時スリーパーが株式会社であった事実ということになるが，訴状で，その全てについて一応整った主張がされている。
イ　重要な間接事実等及び証拠
　訴状には，要件事実（主要事実）以外の事実として，間接事実，補助

事実，そのいずれにも当たらない事実（例えば，当事者間の交渉によって紛争が解決できず訴訟に至った経緯）が記載されることが多い。これらの主要事実以外の事実を事情という（要件事実以外の事実のうち，間接事実及び補助事実を除いた，その他の事実のみを事情と呼ぶこともある。）。

　間接事実とは，主要事実の存否を推認させる事実である。例えば，訴状の第3「関連事実」1項において，本件消費貸借契約は，原告がスリーパーに対し，グループホームの開設・運営資金を貸し付けるためにされたものであることを，同2項において，原告代表者は，本件消費貸借契約の後，星野から更にグループホームの事業資金が必要と頼まれたため，平成23年9月1日，星野に対し，弁済期を同年12月20日と定めて，1000万円を貸し付けたこと（訴状の第3「関連事実」2項で，この貸付けに係る消費貸借契約を「別件消費貸借契約」というものとされている。以下，本書でもこの略称に沿って呼称する。）及び，スリーパーが，別件消費貸借契約に先立ち，星野に対し，その代理権を授与したことが主張されているが，これらは，原告と星野とが本件消費貸借契約を締結し，スリーパーが星野にその代理権を授与したことの間接事実である。

　補助事実とは，証拠の証明力（書証の成立，証拠の信用性等）に影響を与える事実である。例えば，ある証人が，当事者の一方と利害関係があるというような事実である。また，文書の成立に関する事実も補助事実である。本件では，被告は，甲第1号証の連帯保証人としての被告名下の印影について，答弁書の第4「被告の主張」3項において，被告が自ら押印したことも，誰かに押印を依頼したこともなく，この印影が被告の印章によるものではないと主張している。上記の，被告が自ら押印したことも，誰かに押印を依頼したこともないとの事実や印影が被告の印章によるものではないとの事実は，本件契約書の成立に影響を与える事実であって，本件契約書の成立に関する補助事実である。

　事情は，その紛争の全体像を理解するのに重要な役割を果たすことが多い。攻撃方法としての請求原因となる事実（要件事実）は，請求を理由づけるため法的に構成されたものであるが，その背景には個別的な社会的諸事実が絡み合っているのであるから，法的に構成されたもののみにとらわれてはならない。紛争の全体像を理解するのに役立つ事情を審理の早い段階から明らかにしていくことは，事件の振り分け（後記23頁参照）を始めとする訴訟運営に有益である。

　現実の訴訟では，主要事実レベルでの争点を更に整理することにより，

間接事実，補助事実レベルでの実質的な争点が明らかになっていくことが多い。例えば，本件では，後記（４１頁）のとおり，甲第１号証の被告作成部分がどのように作成されたか等が間接事実・補助事実レベルの争点となっている。

　したがって，間接事実，補助事実の主張を展開することは，的確な争点等の整理及び立証活動に不可欠である。これに加えて，原告が審理の早い段階で主張と証拠との対応関係を明らかにすることは，被告に適切な応答をさせることになり，争点の拡散を防ぐことができる。このように，早期に争点及び証拠の整理を行って立証すべき事実を明確にし，争点についての集中証拠調べを実施することにより，充実した審理を実現するためには，当事者双方が，間接事実を含めた事実の主張や申出予定の証拠等を訴訟のできるだけ早い段階で提示することが必要である。

　訴えの提起に当たって，第１回口頭弁論期日の空転を防ぎ，早期に被告が適切な準備を行って，実質的な審理に入ることができるようにするためには，原告が，訴状に請求を理由づける事実を具体的に記載することはもとより，立証を要する事由（争点となって立証を要することになると予想される事由）ごとに，請求を理由づける事実に関連する事実で重要なもの（重要な間接事実等）及び証拠を記載すべきである（規５３条１項）。訴状では，例えば，第２「請求の原因」３項で，星野は，平成２３年５月２５日，原告との間で，本件貸金返還債務（「本件貸金返還債務」とは，訴状の第２「請求の原因」３項で，同２項(1)(2)に基づくスリーパーの貸金返還債務をいうものとされている。以下，本書でもこの略称に沿って呼称する。）を連帯保証する旨の契約を書面で締結した（甲第１号証）旨が記載されており，立証を要する事実と証拠との対応が明示されている。

　事情には主張立証責任の観念はないが，前記のような機能があるから，原告としてはそれを十分に意識した主張を展開することが必要である。ただ，余りに関連性の薄い不必要な事情を雑多に主張することは，逆に争点を曖昧にし，立証の対象を不明確にするおそれがある。そこで，訴状の記載に当たり，原告は，できる限り，請求を理由づける事実（主要事実）についての主張と当該事実に関連する事実（事情）についての主張とを区別して記載しなければならない（規５３条２項）。また，裁判所としても，場合によっては，事情の陳述を制限し，又は事情であることを明らかにした上で陳述を許すなどの訴訟指揮をすることが必要となる。本件の訴状で，原告は，第２「請求の原因」と第３「関連事実」を分けて記載をし，第２に請求を理由づける事実（主要事実）についての主張

を，第3に当該事実に関連する事実（事情）についての主張を区別して記載している。

　　なお，訴状の第3「関連事実」3項(2)には，「被告は，本件連帯保証契約を締結していないなどと主張して，原告の請求に一切応じない旨述べている。」との記載がある。これは要件事実ではないが，被告が原告の請求を争う可能性が高いことを示す事実であり，第1回口頭弁論期日における事件の振り分けの予定を立てる上で参考になる（なお，当事者双方が早期の和解を求めていることがうかがわれる事案では，弁論に引き続いて和解手続を進めることができる時間帯に第1回口頭弁論期日を指定することもある。）。

ウ　その他の記載事項
　(ア)　訴状の当事者の表示中の訴訟代理人の氏名，住所，郵便番号，電話番号及びファクシミリの番号（規2条，53条4項）
　　　　住所及び郵便番号は，送達の際に必要となる。電話番号及びファクシミリの番号は，事実上の連絡などのためだけでなく，いわゆる電話会議の方法を利用した弁論準備手続（後記33頁参照），書面による準備手続等を実施するために必要かつ有益である上，ファクシミリによる書面の提出や書類の送付が広く認められること（規3条，47条1項等）から，訴状の記載事項とされている。
　　　　弁護士という肩書を記載するのは，弁護士が訴訟法上特別の地位を認められている（例えば，法54条）からである。
　(イ)　事件の表示（規2条1項2号，本件では保証債務履行請求事件）
　(ウ)　証拠方法の表示（規53条1項）
　(エ)　附属書類の表示（規2条1項3号）
　(オ)　年月日（同項4号）
　(カ)　当事者又は代理人の記名押印（同項本文）
　(キ)　裁判所の表示（同項5号）
　(ク)　送達場所及び送達受取人の届出（法104条1項，規41条）
　　　　送達は，訴訟の全段階で問題となるので，送達場所及び送達受取人の届出は，できる限り，訴状に記載してしなければならないこととされている（規41条2項）。本件の訴状でも原告訴訟代理人事務所を送達場所とする旨が原告訴訟代理人の表記の箇所に記載されている。

(3)　附属書類
ア　訴状の添付書類
　　不動産に関する事件，手形・小切手に関する事件又は人事訴訟事件については，訴状にそれぞれ登記事項証明書，手形・小切手又は戸籍謄本

の写しを添付しなければならない（規55条1項，人事訴訟規則13条）。これらの書類が訴状に添付されていないと，訴状の記載に誤記があっても判明しないためである。

　イ　訴状副本

　　　訴状は，被告に送達する関係上，原本のほかに副本が必要である（法138条1項，規58条1項）。訴状は，原告が原本（実務上正本ともいう。）と副本を提出し，副本を被告への送達に使用する。これは，訴状には，被告に対する解除，取消し等の意思表示が記載されることが多く，原本と同一内容の副本を送達すれば，このような意思表示の効力に疑義を生じないからである。本件でも，被告に送達するための訴状副本が1通提出されている（別冊記録19頁参照）。

　ウ　書証の写し

　　　訴状には，立証を要する事由につき，証拠となるべき文書の写し（書証の写し）で重要なものを添付しなければならない（規55条2項）。重要な書証の写しを訴状とともに提出することとすれば，早期に真の争点を明らかにすることに役立ち，充実した審理を行いやすくなるからである。例えば，売買，賃貸借等の契約に関する事件について，契約書は，通常重要な書証といえよう。本件では，金銭消費貸借契約書（甲第1号証）が本件消費貸借契約及び本件連帯保証契約のいずれもを基礎付ける重要な書証の写しとして，提出されている。

　　　書証が提出された場合，裁判所は，その原本の閲読による取調べを終えると，直ちに所持者に返還するのが通例である（例外として，法227条）。そこで，どのような文書が書証として提出されたかを明らかにするため，写しの提出を求め（規137条），これを記録にとじる。本件でも，訴状とともに甲第1号証から第4号証について，裁判所用と被告用の各2通の写しが提出されている（別冊記録19頁参照）。

　エ　訴訟委任状その他資格証明書

　　　法定代理権又は訴訟行為をするのに必要な授権（訴訟代理権等）は書面で証明しなければならない（規15条，23条1項，2項）。本件でも訴状の添付書類として，法人である原告の代表者の資格証明書（代表者事項証明書）（別冊記録117頁）及び訴訟委任状（別冊記録115頁）が提出されている（別冊記録19頁参照）。委任状については，後の和解等の場合に備えて，法55条2項の授権の有無をチェックしておく必要がある。

⑷　収入印紙（民訴費3条別表第1の1の項，4条，8条）

3　訴状作成に当たっての訴訟代理人の役割

　　原告の訴訟代理人は，訴状作成に当たっては，依頼者から係争事項に関して事情を聴取し，事実関係を調査するとともに証拠を収集し，十分な証拠資料を踏まえて的確な法的構成をし，間接事実等を生かした説得的な主張を展開することが期待される（規53条〜55条，85条参照）。

4　訴状の受付

⑴　受付

　　裁判所は，訴状を受け付けると，これに受付日付印（別冊記録16頁参照）を押し，表紙（別冊記録1頁）を付けてとじる。この記録に，以後その訴訟手続に関して作成された書面がつづられていくことになる。事件の受付手続については，「事件の受付及び分配に関する事務の取扱いについて」（平成4年8月21日最高裁事務総長通達）が，これを定めている。本件でも訴状の右上の部分に受付日付印が押されている。

⑵　受付での訴状審査

　　受付係において，裁判所書記官（以下「書記官」という。）は，提出された訴状について，訴状の記載事項，作成名義人の表示，押印，落丁の有無等の形式的事項のほか，管轄，作成名義人の資格，所定の手数料等の納付（民訴費3条，11条〜13条），訴状に添付すべき附属書類の具備等を調査し，不備，過誤がないかを点検する。そして，点検の結果不備な点があれば，当事者に任意の補正，追完を求める。もっとも，その性質上当事者が任意の補正に応じないで飽くまでも訴状の受付を求めるときには，受付係書記官はこれを拒否することはできないが，大方はその趣旨を理解し，これに応じるのが実情である。受付係書記官は，気付いた不備・過誤を附せんで明らかにするなどして，事後の措置は事件の配てんを受ける裁判官に委ねることになる。

⑶　事件番号及び事件名

　　表紙（別冊記録1頁）に記載された「平成28年(ワ)第577号」というのが，事件番号である。民事事件記録符号規程（平13最高裁規程1号）により，各審級裁判所ごとに事件の種類を表す符号が定められており，例えば，地方裁判所の民事通常訴訟事件は，(ワ)とされている。この符号と，毎年1月から始め，その提起された順序に従い事件の種別ごとに付される一連番号とを組み合わせて事件番号とする。

　　表紙の「事件の標目」欄の記載を事件名という。当事者が訴状に記載している事件名（それが長すぎるときは，適宜短縮する。）を踏襲することが多い。

訴訟の途中で訴えが変更されても，事件番号及び事件名は変更されることはなく，その事件の特定に利用される。

(4) 保存期間

表紙に「保存始期」，「保存終期」という欄があり，保存期間が記載される。記録の保存期間については，事件記録等保存規程（昭３９最高裁規程８号）がある。これによれば，通常訴訟事件の記録は，判決原本（保存期間は５０年間）や和解又は請求の放棄若しくは認諾の調書（同３０年間）を除き，事件完結の日から５年間保存し，その後廃棄するものと定められている。

5　事務分配

(1) 事務分配

事件を受け付けた裁判所に複数の裁判官がいる場合，どの裁判官がその事件を担当するかという事務分配については，下級裁判所事務処理規則（昭２３最高裁規則１６号）６条に定めがある。

公正を保障するため，各裁判所では，あらかじめ事件配てんの順序を定め，事件が提起された場合には，自動的にその定められた順序に従い，担当裁判官が定められるようにしている。

(2) 単独体審理と合議体審理

地方裁判所においては，事件は，原則として単独裁判官によって審判される（裁判所法２６条１項）から，合議体で審理及び裁判をすると決定したもの（同条２項１号。複雑困難な事件，訴額が大きい事件など）を除いて，単独裁判官に事件が配てんされるのが通例であるが，近時は，裁判の質の向上のために合議体による審理の充実・活用も進められている。一旦単独裁判官の担当となった事件が，合議体に移されることもある。また，合議体から単独裁判官の担当に移すこともできる。本件では，合議体で審理及び裁判を行うとの決定（いわゆる合議決定）がされている（別冊記録２頁）。

6　訴状審査

(1) 事件配てん後の訴状審査（法１３７条）

訴訟記録が担当の裁判官の手元に回されたとき，裁判官は，まず訴状審査をする。訴状審査は，補正命令（法１３７条１項）を発する前提として必要とされるのみではなく，効率的訴訟運営のための事前準備としても重要である。

補正命令を発する前提としての訴状審査は，①訴状の必要的記載事項

（法１３３条２項）が記載されているか，②民訴費３条所定の手数料相当額の収入印紙が貼られているかなどの形式的事項についてのみ行われるものである。

これに加えて，裁判官が，この段階で，攻撃方法としての請求原因，重要な間接事実及び証拠の記載や添付書類（規５３条～５５条）についても吟味するのが，効率的な訴訟運営を図るという観点からの訴状審査である。

(2)　書記官の役割

裁判長は，訴状の記載について必要な補正を促す場合には，書記官に命じて行わせることができる（規５６条）。この書記官の事務は，裁判官の補助として行われる性質のものであるから，書記官は，裁判官から指示を受けて，訴状を点検し，原告にその補正を促すことになる。書記官は，訴状の点検に際し，移送の可能性や補正の要否について受付段階の審査結果を確認し，他の補正事項の有無を調査する。これにより，手続の進行が促進され，裁判所による移送の判断や裁判長による訴状審査権の行使が適正に行われることになる。実務では，その結果を「訴状審査表」等に記載して，裁判官に報告するような形態をとる取扱いが一般的である。審査事項としては，当事者，住所，登記記録上の住所，送達場所，委任状，資格証明書，管轄，訴訟物の価額，評価証明書，収入印紙，請求の趣旨と請求原因との対応，附帯請求，重要な間接事実等の記載，事実と証拠との対応関係の記載，引用した書証の写しの添付等が考えられる。このように，早期における紛争の全体像把握，争点整理，審理の充実等を志向しての審査事項も少なくない。

また，裁判所が早期に適切な審理計画を立て，事件の種類や内容に応じた実質的な審理を行うためには，当事者から早期に，訴訟の進行に関する意見その他訴訟の進行について参考とすべき事項の聴取（規６１条１項）をすることが必要である。第１回口頭弁論期日前におけるこの参考事項の聴取については，書記官に行わせることができる（規６１条２項）。

なお，巻末に「訴訟進行に関する照会書」，「進行意見書」及び「訴状審査表」の一例を掲げておく。

(3)　補正命令，訴状却下命令

訴状審査をした結果，①訴状の必要的記載事項の記載，②民訴費３条所定の手数料相当額の収入印紙のちょう用等に不備があれば，裁判長は，原告に対して必要な補正を促し，あるいは相当の期間を定めて補正命令を発する（法１３７条１項）。

補正命令に応じて手数料が納付されたときは，訴状は，訴え提起のときに遡って有効となると解される（最判昭２４．５．２１民集３．６．２０９）。その期間内に補正されないときは，命令で訴状を却下する（同条２項）。これに対して，原告は１週間以内に即時抗告ができる（同条３項，法３３２条）。被告に訴状を送達した後は，訴状に不備，欠陥があっても，訴状却下命令をすることができなくなり，訴え却下判決（終局判決）をするほかない（法１４０条）。この点につき，訴状却下命令と訴え却下判決のいずれを選択すべきかは，送達時ではなく，口頭弁論開始時を基準時とすべきであるとする考え方（大決昭１４．３．２９民集１８．６．３６５参照）もあるが，訴状を送達した後は訴訟が係属し，当事者双方対立関与の手続が始まるから，そのように解することは妥当でない。

⑷　訴状の補正の促し

　　裁判官は，審理を開始する前に，請求原因の要件事実を念頭に置きながら，訴状の記載を検討し，それが不明確である場合には，訴状の補正として，原告にその主張を訂正補充するように促すべきである（規５６条）。訴状審査の段階から必要な訴状の補正を促しておくことは，第１回口頭弁論期日から実質的な審理が行われるために効果的であり，また重要である。

　　本件では，請求原因の要件事実としては，一応不足なく主張されているため，訴状の補正の促しはされていない。

7　訴状の送達

⑴　訴状の送達

　　訴状を受理したときは，書記官は訴状を送達する（法１３８条１項，９８条）。送達は，当事者その他の利害関係人に対し訴訟関係書類の内容を知らせるために法定の方式に従ってこれを送り届け又は交付の機会を与えることを内容とする裁判所の訴訟行為である。この訴状の送達は，審理方式に関する双方審尋主義（憲法８２条参照）の前提要件として重要なものである。

　　訴状の適法な送達は，訴訟要件の一つであり，送達不能のときは，命令により，訴状は却下される（法１３８条２項）。

⑵　送達手続

　　一般に，送達は書記官の事務であり（法９８条２項），原則として，職権によってこれを行う（同条１項）。

　　送達については，送達報告書が作成される（法１０９条）。本件でも，訴状が被告に送達され，郵便送達報告書（別冊記録１１９頁）が作成さ

れており，これによると，送達実施機関が郵便の業務に従事する者であること（法９９条２項），送達の場所（法１０３条），送達年月日時及び送達方法（法１０１条）が分かる。なお，郵便法４９条等に，この種の送達の規定がある。

8　訴訟要件の審査

(1)　訴訟要件

　　訴訟要件とは，本案判決をするために必要な要件である。訴訟要件を具備しているかどうかは，当初に審査すべきであるが，その後も随時審査する。要件が不備である場合には，補正を命じ，応じなければ判決をもって訴えを却下する。この場合，訴訟要件欠缺の補正が初めから不能のときは，口頭弁論を経る必要もない（法１４０条）。

　　訴訟要件としては，例えば，次のようなものがある。

ア　裁判所に関するもの

　(ｱ)　事件につき日本に国際裁判管轄権があること

　(ｲ)　当事者が日本の裁判権に服すること

　(ｳ)　事件が法律上の争訟に当たり，司法の審判権の範囲内に属すること

イ　当事者に関するもの

　(ｱ)　当事者が実在し，当事者能力を有すること

　(ｲ)　当事者が当事者適格を有すること

ウ　訴え又は請求に関するもの

　(ｱ)　訴えの提起及び訴状の送達が有効であること

　(ｲ)　その請求につき訴えの利益が認められること

　(ｳ)　重複する訴えの提起の禁止（法１４２条），再訴の禁止（法２６２条２項）など法律上その訴えが禁止されていないこと

　(ｴ)　仲裁合意（仲裁法１３条１項，１４条１項），不起訴の合意など当事者の合意によりその訴えが禁止されていないこと

(2)　管轄権

　　管轄権も訴訟要件に挙げられるが，管轄違いの場合，裁判所としては申立てにより又は職権で事件を移送すべきである（法１６条）。もっとも，専属管轄以外のケースでは，応訴管轄が生じる場合があるから（法１２条），第１回口頭弁論期日を指定することもある。

　　本件は，事物管轄の点は裁判所法２４条１号，３３条１項１号により地方裁判所となり，土地管轄の点は法４条，５条１号等によって定まることとなる。

9　期日の指定

(1)　期日指定の考え方

　　裁判長は，訴状審査終了後，必要な事前準備を行った上，速やかに口頭弁論の期日を指定し，当事者を呼び出さなければならない（法１３９条，規６０条）。例外的に，最初の口頭弁論期日の指定より前に，直ちに弁論準備手続や書面による準備手続に付することもできるが，弁論準備手続に付することができるのは当事者に異議がないときに限られる（規６０条１項ただし書）。

　　第１回口頭弁論期日では，実質的に争いのない事件（被告自白事件，被告欠席による擬制自白事件，公示送達事件）とそうでない事件の振り分けをすることになる。実質的に争いがない事件については，裁判所は，調書判決の方法（法２５４条）によって直ちに（公示送達事件については証拠調べをした上で）判決を言い渡し，事件を完結することができる。実質的に争いのある事件については，争点整理を進めるため，口頭弁論を続行することが適当な事件を除き，適切な争点等の整理手続を選択することになる。

　　このような第１回口頭弁論期日の指定やその進行を適切なものとするため，裁判所は，当事者から早期に，訴訟の進行に関する意見その他訴訟の進行について参考とすべき事項の聴取（規６１条１項参照）をすることができる。

(2)　期日の指定及び呼出し

　　訴訟要件の欠缺のない通常の場合には，訴状審査終了後，必要な事前準備を行った上，口頭弁論期日を指定し，訴状と同時に第１回口頭弁論期日の呼出状を被告に送達することになる（法１３９条，８７条，９３条，９４条）。

　　第１回口頭弁論期日は，特別の事由がある場合を除き，訴えが提起された日から３０日以内の日に指定しなければならない（規６０条２項）。

　　本件では，訴状を審査して一応訴訟要件の欠缺がないと認め，口頭弁論期日を開くこととし，その期日を平成２８年９月２１日午前１０時と指定し，裁判長が表紙の裏（別冊記録２頁）に押印をした。そして，被告に対し，訴状送達と同時に期日の呼出しをするとともに，答弁書催告状も発送されている（法１６２条）。これらは，いずれも郵便送達報告書（別冊記録１１９頁）によって分かる。また，原告に対しては，原告訴訟代理人に対し期日の告知をし（別冊記録２頁），同代理人から期日請書（別冊記録１１８頁）が提出されるのが通例である。

第3　第1回口頭弁論期日以降

1　概説

　　口頭弁論とは，公開の法廷において，定数の裁判官及び書記官が出席し，直接，当事者双方の口頭による弁論を聴く手続である（公開主義，双方審尋主義，直接主義，口頭主義）。

　　民訴法によれば，訴訟は，原則として，裁判の中で最も慎重重要な形式である判決をもって完結することが要求され，その審理については，必要的口頭弁論主義が採られている。すなわち，判決で裁判をするには，原則として口頭弁論を開いて審理しなければならず（法87条1項本文），しかも裁判の資料は，必ず口頭弁論に現れたものに限るとするものである。これは，当事者に対し，口頭弁論手続における攻撃防御の機会を保障する趣旨である。

　　ただし，口頭弁論を開いて当事者に攻撃防御の機会を保障しなくても不当とはいえず，書面審理で足りる場合には，例外的に口頭弁論は必要的とされない（法87条3項，140条，290条，78条）。また，手続中で派生してくる，決定で裁判される事項は，簡易迅速な処理を要するところから，口頭弁論を開くかどうかは裁判所の裁量に任される（法87条1項ただし書）。これはいわゆる任意的口頭弁論であって書面審理が原則となり，口頭弁論は，むしろ書面審理を補充するものにすぎない。

　　口頭弁論の経過は，通常，次のとおりである。

　　まず，原告が，訴状に基づき，請求の趣旨及び請求原因を陳述し，被告は，答弁書に基づき，請求の趣旨に対する答弁と請求原因に対する認否をし，抗弁があればそれを提出する。原告は抗弁の認否をし，再抗弁があればそれを提出するというように進行していく。そして，当事者間に争いのある事実については，証拠によって認定する必要が生ずる（法179条）。したがって，裁判所は，当事者の主張を整理して，争点を明らかにし，その争点につき証拠の申出をさせ，証拠決定をして証拠調べを実施する。当事者の主張・立証が尽くされて判決に熟すると口頭弁論が終結される（法243条）。口頭弁論期日が数回にわたる場合でも，全ての口頭弁論は一体としてとらえられ，等しく判決の基礎とされる（口頭弁論の一体性）。したがって，続行期日ごとに従来の口頭弁論をやり直す必要はない。

　　当事者は，攻撃防御方法を訴訟の進行状況に応じ適切な時期に提出しなければならない（適時提出主義，法156条）から，口頭弁論の一体性にかかわらず，時機に後れた攻撃防御方法は却下されることがある（法157条1項）。

口頭弁論については，書記官が期日ごとに調書を作成する（法１６０条，規６６条以下）。

2　第１回口頭弁論期日

口頭弁論の期日は，事件の呼上げをもって開始する（規６２条）。

最初の口頭弁論期日に被告が欠席した場合には，被告がそれまでに提出していた答弁書その他の準備書面に記載した事項は，被告が期日にこれを陳述したものとみなされる（法１５８条）。被告がこれらの答弁書等を提出しないときは，被告が原告の主張事実を自白したものとみなされる（擬制自白，法１５９条３項）。したがって，後者の場合は，弁論を終結して，直ちに調書判決の方法により，いわゆる欠席判決をすることができる（法２５４条１項１号）。

本件では，平成２８年９月２１日午前１０時，当事者双方の訴訟代理人が出席して第１回口頭弁論期日が開かれた（別冊記録３頁参照）。

(1)　訴状陳述

まず，原告が訴状に基づいて請求の趣旨及び請求原因を陳述した。

(2)　答弁書陳述

被告は，第１回口頭弁論期日前，答弁書（別冊記録２０頁）を提出した（別冊記録１２０頁参照）。被告の訴訟代理人は乙野花子弁護士であり（別冊記録１１６頁参照），同弁護士作成の答弁書が被告の答弁書として提出された。

答弁書は，被告の本案の申立て（例えば，請求棄却等）を記載した最初の準備書面である。したがって，その記載事項については，法１６１条，規７９条の適用がある。

準備書面とは，当事者が口頭弁論において陳述しようとする事項を記載し，裁判所に提出する書面をいう。準備書面は，口頭弁論を迅速・円滑に実施するため，次回期日までの間に相手方が準備をするのに必要な期間を置いて提出しなければならない（規７９条１項）。このため，裁判長は，当事者の意見を聴いて，準備書面を提出すべき期間を定めることができる（法１６２条）。この期間内に準備書面が提出されるように，裁判所は，書記官を通じて，当事者にその提出を促しており，また，当事者も準備書面の事前提出に努めているのが通例である。そして，裁判所及び相手方は，その間に，提出された書面について十分な検討を加えて，次回期日に臨むことになるのである。

裁判官は，答弁書の記載によって初めて被告の主張に触れ，事案の内容を把握できることになるから，被告は，答弁書を作成する際，できる

限り事案の実体を把握できるように工夫し，また，争点を早期に確定できるように，被告側の訴訟資料等を早期に提出する必要がある。そのため，被告は，答弁書に，請求の趣旨に対する答弁を記載するほか，訴状に記載された事実に対する認否及び抗弁事実を具体的に記載し，かつ，立証を要する事由ごとに，当該事実に関連する事実で重要なもの（重要な間接事実等）及び証拠を記載しなければならない（規80条1項）。また，立証を要する事由につき，重要な書証の写しを添付しなければならない（同条2項）。もっとも，答弁書については，例えば，期日の直前に被告が訴訟代理人を選任する場合のように，第1回口頭弁論期日までの準備期間が短く，詳細な内容の答弁書を提出することが困難である場合もあり得るが，やむを得ない事由により所定の記載や重要な書証の写しの添付をすることができない場合には，答弁書の提出後速やかに，記載を補充するための準備書面や重要な書証の写しを提出しなければならない（同条1項後段，2項後段）。

　本件の答弁書は，あらかじめ原告に直送（当事者の相手方に対する直接の送付，規47条1項，83条）されている（ファクシミリ送信書，別冊記録120頁）。書類の直送を受けた相手方は，当該書類を受領した旨を記載した書面を，直送するとともに裁判所に提出しなければならないとされており（規47条5項本文），原告は，平成28年9月14日付け受領書を直送するとともに裁判所に提出している（受領書，別冊記録120頁）。

　被告は，第1回口頭弁論期日に答弁書を陳述した。
ア　請求の趣旨に対する答弁（規80条1項）
　　原告の請求の趣旨に対応する被告の答弁は，訴訟要件の不備を主張して訴えの却下を求めるとか，請求を理由なしとして請求の棄却を求めるとか，あるいは原告の権利又は法律関係の主張をそのまま正当と認める陳述，すなわち請求の認諾をすることである。被告が原告の請求を認諾すれば，その旨を調書に記載し，これにより訴訟は当然終了する（法266条，267条）。被告が口頭弁論期日に出頭しないときでも，請求を認諾する旨の書面を提出したときは，その旨の陳述をしたものとみなすことができる（法266条2項）。

　　本件の答弁は,「原告の請求を棄却する。訴訟費用は原告の負担とする。」との判決を求めるとなっている。通常，被告は，このように答弁する。もっとも，理論的には，被告として原告の請求を争う場合，必ずしもこのような答弁をしなければならないわけではない。つまり，被告が請求を認諾しない以上，裁判所としては，請求に理由があるか

どうかを判断しなければならず，請求を理由がないと認める限り，被告が請求棄却の判決を申し立てていなくても，請求を棄却しなければならないのである。「訴訟費用は原告の負担とする。」との判決を求めている点についても，本来は必要としない。しかし，請求の棄却を求める答弁も，訴訟費用の負担についても，被告がこのように答弁するのが実務の通例である。

イ　請求原因に対する認否

　　(ア)　認否の必要性

　　　　弁論主義の下では，訴訟資料の提出は，当事者の責任ないし権限であり，権利の発生，消滅などの法律効果を発生させる法律要件に該当する具体的事実，すなわち要件事実（主要事実）は，当事者の弁論に現れない限り，裁判所は，判決の資料として採用することができない。また，当事者間に争いのない事実（自白された事実）は，証拠によって認定する必要がないのみならず，これに反する認定をすることも許されず，そのまま判決の資料として採用しなければならない（裁判上の自白，法１７９条）。したがって，原告主張の要件事実について，被告がどれを争い，どれを認めるかの認否を明らかにすることが必要である。

　　　　認否は，原則として，法律効果を発生させる事実に対してされるもので，発生する法律効果自体に対してされるものではない。ただし，所有権については権利自白が認められており，例えば，所有権に基づく物件の返還請求訴訟において，被告が，その物件が原告の所有であることを認める場合には，「・・・・・が原告の所有であることは認める。」と答弁してよい。顕著な事実（法１７９条）やよって書きに対する認否は不要である。

　　　　なお，答弁書には，前記のとおり，原告主張の要件事実やその存否に影響を及ぼす重要な間接事実などに対する認否のほか，抗弁事実を具体的に記載し，かつ，立証を要する事由ごとに，当該事実に関連する事実で重要なもの及び証拠をも記載しなければならない（規８０条１項）。裁判所が事案を的確に把握して早期に争点を整理し（法１６４条～１７８条），迅速かつ妥当で効率的な審理及び判断を実現するためには，要件事実以外の事実に対する認否も必要不可欠であるが，修習生が事実整理を学ぶという観点からは，まず，要件事実に対する認否が重要である。

　　(イ)　認否の態様

　　　　原告の請求原因事実に対する被告の対応は，

自白　否認　不知　沈黙

のいずれかである。

　被告が原告主張の要件事実を認めたときは，前記のとおり，裁判上の自白として，証明することを要しないのみならず，裁判所として，これに反する認定は許されないことになる。

　被告が否認した事実は，それが本来認否を必要としない顕著な事実である場合を除き，これを認定するには証明が必要である。原告主張の事実を否認する場合，被告は，単に否認するというだけではなく，その理由を記載しなければならない（規７９条３項）。これは，積極否認又は理由付き否認と呼ばれているが，被告が相手方の主張事実を否認するには何らかの理由があるのが通常であり，その理由を明らかにさせることによって，争点をより明確にすることができる。なお，被告の答弁により反論を要することとなった原告は，速やかに，答弁書に記載された事実に対する認否及び再抗弁事実を具体的に記載し，かつ，立証を要することとなった事由ごとに，当該事実に関連する事実で重要なもの及び証拠を記載した準備書面を提出しなければならない（規８１条）。このように，訴状，答弁書，準備書面において，できる限り早期に争点や争点と証拠との関係について充実した主張をするためには，当事者双方は，事前に十分な準備をしておくことが必要であり，あらかじめ，証人その他の証拠について事実関係を詳細に調査しなければならない（規８５条）。

　不知の答弁は，法１５９条２項により，その事実を争ったものと推定されるから，これを認定するには証明を必要とする。

　被告が原告主張の事実に対して何も認否せず沈黙している場合は，弁論の全趣旨からその事実を争っていると認められるとき以外は，これを自白したものとみなされる（法１５９条１項）。

　被告の答弁が陳述されたときは，裁判所は，その用語にとらわれることなく，真に意図するところを正確に把握することが大切である。また，原告の主張が曖昧なときには，裁判所として，まず原告の主張について釈明を求め（法１４９条１項），その趣旨を明確にしてから，個々の要件事実ごとに具体的に被告の認否を求めるべきである。原告の曖昧な主張を放置したまま被告に認否させることは，いたずらに争点を拡大させたり不明確にするだけで，結局，当事者双方にとって適切な攻撃防御を遅らせることになるから，妥当ではない。

(ウ)　本件における認否

本件についてみると，被告は，答弁書の第２「請求の原因に対する認否」で，①原告が，星野に対し，平成２３年５月２５日，弁済期を同年８月３１日として１０００万円を貸し付けたこと及び②スリーパーが①に先立ち星野に①の代理権を授与したことはいずれも知らない，③スリーパーが平成２３年５月２５日当時株式会社であったことは認める，④被告が，平成２３年５月２６日，原告との間で，①から③によるスリーパーの貸金返還債務を保証することを合意したこと及び⑤被告の④の意思表示が書面によることは，いずれも否認すると述べた。なお，⑥弁済期が経過したこと（平成２３年８月３１日の経過）は顕著な事実（法１７９条）であるから，これに対する認否は不要である。

したがって，被告が認めると述べた事実（上記③）及び顕著な事実（上記⑥）を除く請求原因事実（上記①，②，④及び⑤）は，当事者間に争いのある事実であるから，原告はこれらを証明することが必要である。

なお，被告は，答弁書の第４「被告の主張」２項において，「被告は，グループホームの開設資金を一部調達したが，残りの資金の調達は星野に任せていた。星野は，独自の判断で資金調達を行っており，被告は，星野から，原告からの借入れを含めて，スリーパーの具体的な資金調達の方法について何ら報告を受けておらず，スリーパーの具体的な資金調達の方法については知らないし，被告が本件貸金返還債務を連帯保証したことはない。」と主張している。このように，被告が原告の主張を否認する理由を具体的に述べることは，被告の防御活動として有効であるのみならず，裁判所が，当該事案を的確に理解し，実質的な争点を早期に把握するためにも重要である。

㈢　抗弁以下の主張

抗弁とは，請求原因と両立し，かつ，請求を排斥するに足りる事実であって，被告が主張立証責任を負うべき性質のものである。仮に被告が弁済の主張をしたとすれば，それは抗弁となる。抗弁が理由付き否認と違う点は，その主張する事実が請求原因と両立することにある。抗弁には，権利の発生障害，消滅，阻止の機能がある(前記８頁）。抗弁は，請求原因を認めながら主張されることもあるし，請求原因を否認しながら，それが認められる場合に備えて主張されることもある。

本件では，被告は，答弁書において抗弁に当たる事実を主張して

いない。なお，訴状において，原告は，星野が原告との間で平成２３年５月２６日に本件貸金返還債務を保証する旨合意し，星野の上記保証に係る意思表示が書面によることを主張しており，この事実が認められると，被告は，共同保証人間の分別の利益を有する可能性があるから（民法４５６条，４２７条），この原告の主張がいわゆる不利益陳述（要件事実第一巻１８頁）として，抗弁を構成するかのようにもみえるが，請求原因においてスリーパーの上記債務が商行為となる行為により発生していることを基礎付ける事実としてスリーパーが商人（株式会社）であることが主張されている本件においては，商法５１１条２項により，被告は，連帯して債務を負うことになるため，抗弁を構成することはない。

⑶　証拠関係

ア　証明の対象

当事者間に争いのある主要事実については，証明を要する。間接事実は，主要事実の存否を推認させる事実であるから，主要事実の証明の手段として証明の対象になる。また，証拠の証拠力を明らかにしなければならない場合は，補助事実も証明の対象になる。この証明は，いわゆる証拠共通の原則により，いずれの当事者がしても差し支えないが，通常は，その事実の存在につき立証責任を負う当事者がその証明に努力することになる。なぜなら，もしその点について裁判所が心証を形成することができないときは，その事実は不存在とされ，その当事者が不利益を受けるからである。このように，立証責任を負う当事者からの立証を本証といい，立証責任を負わない当事者のする立証を反証という。本証は，その事実の存在につき裁判官に確信を抱かせる程度のものでなければならないのに対して，反証は，その事実の不存在につき裁判官に確信を抱かせる程度のものでなくてもよく，本証によって形成される心証を動揺させ，裁判官に真偽不明の心証を抱かせさえすれば，その目的を達する。

イ　書証

㋐　申出（法１８０条，２１９条，２２１条，２２６条，規９９条，１３７条，１４０条，１４３条）

書証とは，文字その他の符号によって表現される文書に記載された特定人の思想内容（意思，認識，報告，感情等）を証拠資料とする証拠調べをいう。書証は，申出によって始まるが，その方法には，

①　文書の提出（法２１９条，規１３７条）

②　文書提出命令の申立て（法２１９条，２２１条，規１４０条）

③　文書送付の嘱託の申立て（法２２６条本文）

の３種類がある。なお，証拠方法としての文書自体をも書証と呼んでいる。

　　原告が提出する書証には甲，被告が提出する書証には乙という符号を付け，提出された順に第１号証，第２号証等とするのが実務の例である。書証提出の際には，その書証によって証明しようとする事実，すなわち立証趣旨を明らかにしなければならず（規９９条１項），その申出をするときまでに，その写しを提出するとともに，文書の記載から明らかな場合を除き，文書の標目，作成者及び立証趣旨を明らかにした証拠説明書を提出しなければならない（規１３７条１項）。実務では，この証拠説明書における立証趣旨等の記載は簡単であることが多いが，さらに，書証の作成経過等の事項についても記載されていると，争点等の整理のためにも有効な手段となる。本件の第１回口頭弁論期日に提出された書証については，証拠説明書が提出されている（別冊記録３８頁）。

(イ)　証拠決定

　　証拠の申出があれば，裁判所は証拠の採否について判断する。当事者が取調べを求めた証拠であっても，関連性や必要性がないと判断された場合には，これを取り調べる必要はない（法１８１条１項）。なお，判例では，証拠決定（証拠の申出を認容する証拠調べの決定及びこれを排斥する却下決定）という特別の形式は必要ではないとしているものがある（最判昭２６．３．２９民集５．５．１７７）。実務では，証人については原則として採否の決定をしているが，文書提出命令や文書送付嘱託の場合を除いて，書証については明示の決定をしないのが普通である。しかし，明示の決定をしない場合でも，観念的には黙示の証拠決定があったものと解されている。

(ウ)　書証の成立

　　書証の成立の真否とは，書証の形式的証拠力の問題である。すなわち，書証は，特定人の思想を文書の記載を通じて証拠資料とするものであるから，作成者とされる者の意思に基づいて作成されたものであることが前提となる。したがって，挙証者は，書証の提出に際して，証拠説明書などによって必ず作成者が誰であるかを明らかにしなければならないが，書面上に作成者の氏名が表れていて，相手方も特に反対の主張をしていなければ，その名義人の作成した文書として提出しているものとみられる。文書が，挙証者によって作成者と主張されている者の意思に基づいて作成されたものであると

き，その文書は真正に成立したという。

　このように，書証の記載内容を事実認定の資料とするには，その文書が真正に成立したものでなければならず，文書の成立について争いがあるときは，その真正が証明されなければならない（法２２８条１項）。そこで，裁判所としては，書証の成立について相手方の認否を求めることになるが，相手方が書証の成立を否認するときは，その理由を明らかにしなければならない（規１４５条）から，書証の成立に関する認否についても，前記の証拠説明書と同様，必要に応じて書証認否書を活用するとよい。この書証認否書に書証の作成経過等の実質的な事項が記載されていれば，実質的な争点等の整理のためにも有益である。もっとも，当事者は，特にその成立を争う特定の書証についてだけ，その理由を明示して陳述すれば足り，特にその成立を争わない書証については，認否をする必要はない。

　なお，相手方が書証の成立の真正を認めている場合であっても，このような書証の成立に関する自白は裁判所を拘束しない（最判昭５２．４．１５民集３１．３．３７１〔１５〕）から，裁判所は，他の証拠によりその成立の真正を否定することができる。また，その印影がその者の印章によって顕出されたものであるときには，反証がなければ，文書の成立の真正について，いわゆる二段の推定が働き，その文書全体が真正に成立したものと推定される（最判昭３９．５．１２民集１８．４．５９７〔３３〕）。公務員が職務上作成したものと外観上認められる文書も，真正な公文書と推定される（法２２８条２項）。

(エ)　証拠調べ

　書証の証拠調べは，裁判官が提出された文書の原本を閲読することによって行われる。書証は，文書に記載された意味内容を証拠とするものであるが，同時に，文書の紙質，印影，筆跡等をも検査することが少なくない。厳密にいえば，このような検査の性質は検証であるが，これと同時に文書の意味内容を証拠とするときは，これをも含めて書証として取り扱われる。

　なお，実務では，書証の証拠調べが終了すれば，裁判所は直ちにその文書の原本を所持者に返還し，訴訟記録にはその写し（規１３７条）をとじておくのが例である。

(オ)　本件の第１回口頭弁論期日での書証の取扱い

　原告は，第１回口頭弁論期日で甲第１号証から第４号証までを提出し，それぞれ証拠調べがされた。甲第２号証から第４号証までの

成立の真正については，いずれも争いがないが，被告は，甲第1号証のうち，被告作成部分について成立を否認する旨述べ，その理由として，被告作成部分は，誰かが偽造したとの理由を述べており，甲第1号証の被告作成部分については成立の真正に争いがある。このことはいずれも書証目録（別冊記録31頁）に記載されている。

(4) 争点及び証拠の整理

ア　争点等の整理の必要性

　　裁判所は，適正かつ迅速に紛争を解決することが求められている。本件の第1回口頭弁論期日において，訴状及び答弁書が陳述されたが，多くの請求原因事実が争われている。また，書証として甲第1号証から第4号証までが提出されたが，被告は，甲第1号証の被告作成部分の成立の真正を否認している。裁判所としては，主要事実と間接事実とを問わず，当該事件の紛争の実体を解明するのに役立つ事実を明らかにして早期に争点を整理し，主要な争点について裁判所と当事者双方が共通の認識を持ち，立証を要する事実を明確にした上，これを立証するために必要かつ適切な証拠を整理し，集中的かつ効率的に証拠調べを実施して，迅速性を確保しつつ充実した審理を実現することが肝要である（法182条，規101条参照）。

イ　争点等の整理手続の種類

　　争点等の整理手続には，次の3種類がある。

① 準備的口頭弁論（法164条以下，規86条以下）

　　準備的口頭弁論は，争点等の整理を行うことを目的とする口頭弁論であり，争点等の整理に必要なあらゆる訴訟行為を行うことができる。口頭弁論であるから公開の法廷で行われるが，ラウンドテーブル法廷を利用することによって，裁判所と当事者が膝を交えて率直に意見を交換することが可能となり，主張や証拠の整理も，より円滑に行うことができる。

② 弁論準備手続（法168条以下，規88条以下）

　　弁論準備手続は，一般に法廷以外の準備手続室などを利用して争点等の整理を行う手続である。準備的口頭弁論と異なり実施できる訴訟行為の範囲に一定の制約はあるものの，例えば，当事者が遠隔地に居住している場合などに当事者の一方が期日に出頭していれば，電話会議の方法やテレビ会議システムを利用して争点等の整理をすることもできる（法170条3項，規88条2項）など，準備的口頭弁論では認められていない方法も許容されている。この弁論準備手続は非公開で行われるのが原則であるが，裁判所は相当と認める者

の傍聴を認めることができ，当事者が申し出た者については，支障を生じるおそれがある場合を除き，その傍聴を許さなければならない（法169条2項）。
　③　書面による準備手続（法175条以下，規91条以下）
　　書面による準備手続は，当事者が遠隔地に居住している場合などに，当事者の裁判所への出頭の負担を軽減しつつ，争点等の早期整理を可能にするため，当事者が裁判所に出頭することなく，準備書面の交換や電話会議の方法を利用した協議などによって争点等を整理する手続である。
ウ　争点等の整理手続の選択
　　争点等の整理手続としては，これら3種類の手続が設けられているが，本件の審理を担当している裁判所は，法廷以外の場所で率直に意見を交換し充実した争点等の整理を実施することが適切と考え，両当事者の意見を聴いた上（法168条），次回は弁論準備手続を行うこととして，期日を指定した（法93条1項，別冊記録3頁）。この場合，裁判所は必ずしも当事者の意見に拘束されるものではないが，両当事者が反対しているのに弁論準備手続に付してみても争点等の整理の目的を達成することは困難であるから，当事者の理解が得られるよう努力すべきである。
　　なお，これらの争点等の整理のための3種類の手続のほか，民訴規則では，整理された争点と証拠調べとの関係を確認するなど訴訟進行に関して必要な事項を打ち合わせるための期日として進行協議期日（規95条以下）が設けられており，これを用いて手続を円滑に進めることができるようになっている。
　　いずれの手続を選択するにしても，争点等の整理を効率良く行うためには，両当事者の事前の準備が必要不可欠である。そのためには，裁判所と当事者との間で，次回の期日までにすべき準備の具体的内容を確認することが望ましい。
　　本件で，裁判所は，原告訴訟代理人に対し，
　①　本件消費貸借契約及び本件連帯保証契約の締結の経緯
　②　甲第1号証の作成経緯
についての主張を記載した準備書面を提出することを求め，
　　被告訴訟代理人に対しては，
　③　上記の原告準備書面に対する認否
　④　甲第1号証のスリーパー作成部分の成立の真正についての認否及びそれを否認する場合は否認の理由

についての主張を記載した準備書面を提出することを求めた。

そして，双方の訴訟代理人と協議の上，原告の準備書面の提出期限を１０月４日に，被告の準備書面の提出期限を１０月１１日に定めた（別冊記録３頁参照）。準備書面提出の具体的期限を定めること（法１６２条）は，実務で広く行われており，訴訟代理人がこの提出期限を守ることは，充実した審理を行う上で大切である。

なお，後記（４４頁）のとおり，裁判所は，訴訟がいかなる程度にあるかを問わず和解を試みることができる。本件で，裁判所は，第１回口頭弁論期日において，当事者双方に和解の可能性を打診した模様であり（別冊記録４頁参照），双方の訴訟代理人は，和解の可能性について検討してくることになった。

エ　計画的な審理

民事訴訟，特に複雑困難な事件の審理を適正かつ迅速に進めるためには，あらかじめ審理のスケジュールを立て，審理の計画的な進行を図ることが有効である。法１４７条の２及び３，１５６条の２及び１５７条の２に計画審理の規定が定められており，これらの規定によると，裁判所及び当事者は，訴訟手続の計画的な進行を図らなければならず（法１４７条の２），審理すべき事項が多数であったり，又はそれらが錯そうしているなど事件が複雑である等の場合には，裁判所は，当事者双方との協議結果を踏まえて，審理の計画を定めなければならない（同条の３）。

実務では，法１４７条の３の計画を具体的に定める例は限られているが，多くの事件で，裁判所と当事者が，争点整理のための期日の回数や人証調べの時期及び判決の時期などについて，おおよその目標を立てて審理を進めており，同条の趣旨は広く実現されている。本件では，第１回口頭弁論期日において，次回期日だけでなく次々回期日が指定されたり，書面の提出期限が定められるなど，計画的な進行が意識された訴訟指揮が行われている。

3　第１回弁論準備手続期日

(1)　弁論準備手続（法１６８条以下）の実施

弁論準備手続は，当事者双方が立ち会うことのできる期日において行うものとされており（法１６９条１項），当事者双方に立会いの機会が保障されている。したがって，裁判所が訴訟代理人や本人の出頭を求めることができるのはもとよりであるが，当事者が欠席して期日が空転しないよう，十分に調整した上で期日を指定することが大切である。本件で

は，このような調整を経て，第1回弁論準備手続期日が平成28年10月21日午前11時30分と指定された。

　弁論準備手続において，裁判所は，双方の訴訟代理人や本人の出頭を求めるが，特に必要があれば，企業の業務担当者や当事者のために事務を処理する者などのいわゆる準当事者の出頭を求めて，争点等の整理の実効性を確保することができる（法170条5項，151条1項2号）。いずれにしても，弁論準備手続期日を指定する際，裁判所が当事者双方に対し，その期日においてどのような争点等の整理を行う予定であるかを明らかにして，当事者双方が十分な準備をした上で期日に臨むことが肝要である。

(2)　弁論準備手続で行える訴訟行為

　裁判所は，争点等の整理のため，弁論準備手続において，

①　当事者に準備書面を提出させること

②　証拠の申出に関する裁判－証拠調べをする決定，証拠調べの申出を却下する決定，文書提出命令，文書送付嘱託や調査嘱託の決定など

③　その他の口頭弁論の期日外においてすることができる裁判－訴えの変更の許否の裁判，補助参加の許否の裁判など

④　文書（法231条に規定する準文書を含む。）の証拠調べ

をすることができる（法170条1項，2項）。もちろん，この弁論準備手続で提出された準備書面は弁論準備手続内で陳述することができる。

　また，法170条5項で口頭弁論や準備的口頭弁論に関する諸規定，すなわち，裁判長の訴訟指揮権（法148条），釈明権等（法149条），訴訟指揮等に対する異議（法150条），釈明処分（法151条），口頭弁論の併合等（法152条1項）のほか，訴状等の陳述の擬制（法158条），自白の擬制（法159条），証明すべき事実の確認等（法165条）が弁論準備手続に準用されている。このほか，準備的口頭弁論終了後の攻撃防御方法の提出（法167条）の規定も準用されている（法174条）。

　弁論準備手続は，裁判所と当事者が，ラウンドテーブル法廷や準備手続室等を利用して，事実及び証拠について率直な意見交換をしながら，紛争の実体に立ち入って争点を整理することができるため，実務上最も広く利用されている。ただし，弁論準備手続が受命裁判官によって行われる場合には，受命裁判官は，訴訟指揮等に対する異議の裁判，審理の計画が定められている場合の攻撃防御方法の却下についての裁判（法157条の2），前記②，③の裁判を行うことはできない（法171条2項。ただし，②の裁判のうち，調査嘱託，鑑定嘱託，文書を提出してする書

証の申出に対する裁判及び文書送付嘱託についての裁判をすることはできる（同条3項）。）。

(3) 弁論準備手続における争点等の整理

ア　争点等の整理の一般的内容

民事訴訟における訴訟手続の一般的な進行順序は,

① 当事者の主張する主要事実及びその存否に影響する重要な間接事実の確定

② そのうち, 争いのない事実と, 争いのある事実の確定

③ 争いのある事実を立証するための証拠の整理

④ 必要な人証等の証拠調べ

という順序で進行する。

このうち, ①から③までが争点等の整理である。当事者が訴状や答弁書や準備書面で主張している事実を整理するだけで法的争点は一応明らかになるようにみえるが, 併せて書証などを検討し, 場合によっては, 当事者本人や準当事者（会社の場合は直接の担当者など）の説明を受けると, それまでの当事者の主張が根拠のないものであったり, あるいは誤解に基づくものであったりして, 真の争点が別のところにあることが明らかになる場合もある。このようにして真の争点が明らかになれば, これを立証し判断するのに必要かつ適切な書証や人証もおのずから決まってくるものであり, 取り調べられるべき証拠も整理されてくる。このように, 証拠を無視して実効性のある争点等の整理を実現することは困難である。紛争の実体を的確に把握することによって, 真の争点が洗い出され, その立証に必要な証拠が整理され, 充実した証拠調べが可能となる。また, 効果的な争点等の整理を実現するためには, 裁判官が, 必要に応じて認識している争点を指摘し, 法律解釈や立証責任の所在等に関する意見を開陳することが適切な場合もある。これによって裁判所と当事者双方の争点に対する認識がより一層深まることが少なくないからである。

イ　争点等の整理と釈明

裁判所は, このような充実した争点等の整理を実施するため, 適切に釈明権を行使する必要がある（法149条1項）。当事者の申立てや主張に矛盾や不正確あるいは不十分な点がある場合に, 申立ての内容や事実関係・法律関係を明らかにするため, 事実上, 法律上の事項について質問し, 又は証拠の提出を促して, 事案の解明を図りつつ適正な訴訟運営を実現するための裁判所の権能を釈明権, その義務を釈明義務という。当事者が適切な弁論を尽くすことができるように裁判所

が協力して弁論主義の活性化を図るものであり，弁論主義を補充するものである。なお，釈明というとき，本来は，裁判所がするのが求釈明で，求釈明に応じて当事者がするのが釈明であるが，実務上，釈明の語は求釈明の意味で用いることも多い。一般に，釈明権能の範囲が広いのに対し，釈明義務の範囲はそれよりも狭く，釈明権を行使しなかったことが全て釈明義務違反として違法となるものではない。釈明義務の範囲については，判例によれば，その訴訟の経過や訴訟に現れた訴訟資料・証拠資料からみて，事案を適切妥当な解決に導くためには，既に提出された主張又は証拠では不十分で，別の主張又は証拠の提出が必要であるという場合には，裁判所には，釈明権を行使して当事者に主張又は証拠の提出を促すべき義務があり，これを怠るときは，適切な釈明権の行使を怠り，ひいては審理不尽の違法があるとされ，その釈明の範囲は別の訴訟物の提出にも及ぶべき場合があるとされている（最判昭４４．６．２４民集２３．７．１１５６〔９０〕，最判昭４５．６．１１民集２４．６．５１６〔３３〕等）。

　なお，裁判所が釈明権を適切に行使して十分に争点を整理するためには，紛争の実相を捉えて事件全体を的確に見通した上で，主導的に弁論を指揮していくことが必要であるが，そのためには，ふだんから，同種事件の典型的な攻撃防御方法について精通するとともに，社会常識や取引慣行などについても理解を深めるよう心掛けることが重要である。

　釈明権の行使は，合議事件では，原則として裁判長が行う（法１４９条１項）が，陪席裁判官も，裁判長に告げて，釈明権の行使を行うことができる（同条２項）。

ウ　期日外釈明

　期日における審理を充実したものにするためには，当事者が充実した準備をすることが不可欠であり，そのためには，裁判官が記録を調査して主張立証に不明確な点があると認めたときに，次の期日を待つまでもなく，期日外において，必要な釈明を求めるのが望ましい。

　そこで，裁判所は，期日外においても釈明権を行使することができるものとされており（法１４９条１項，２項），裁判官は，期日外において釈明のため処置をする場合には，書記官に命じて行わせることができる（規６３条１項）。

　なお，裁判官が期日外において，攻撃又は防御の方法に重要な変更を生じ得る事項について，釈明のための処置をしたときは，その内容を相手方に通知しなければならない（法１４９条４項）。また，その内

容を訴訟記録上明らかにしなければならない（規63条2項）。
　　エ　専門委員
　　　法92条の2は，裁判所は，争点若しくは証拠の整理又は訴訟手続の進行に関し必要な事項の協議をするに当たり，訴訟関係を明瞭にし，又は訴訟手続の円滑な進行を図るため必要があると認めるときは，当事者の意見を聴いて，決定で，専門的な知見に基づく説明を聴くために専門委員を手続に関与させることができると定める。審理に必要な高度の専門的知見を，争点整理，証拠調べ，和解の各場面において裁判所に供給することを目的とするものであり，当事者の主張の趣旨を明確にし，訴訟手続の円滑な進行を図るために専門的知見に基づく説明を聴くことができるよう，専門委員を手続に関与させることを可能とした。
⑷　準備書面の陳述
　　原告から第1準備書面，被告から準備書面⑴が事前に提出され，いずれも第1回弁論準備手続期日で陳述された。
⑸　第1回弁論準備手続期日における争点等の整理の内容
　　原告は，第1準備書面（別冊記録23頁）において，本件消費貸借契約及び本件連帯保証契約に係る合意が成立した経緯を主張した。被告は，答弁書において知らないとしていた本件消費貸借契約の事実について，準備書面⑴（別冊記録25頁）において，本件消費貸借契約の直接証拠である甲第1号証のスリーパー作成部分の成立の真正が不明であると述べる一方，スリーパー名下の印影がスリーパーの印章によるものであることは特に争わないと述べたが，同期日の弁論準備手続調書（別冊記録5頁）によれば，被告は，同期日において，原告と星野が本件消費貸借契約を締結した事実，スリーパーの星野に対する本件消費貸借契約に先立つその代理権授与の事実及び星野がスリーパーの債務を書面で保証した事実を認めるに至っている。
　　本期日において，具体的にどのような手続が実施されたかは，記録からは必ずしも明らかではないが，被告は，原告が提出した甲第1号証につき，スリーパー名下の印影がスリーパーの印章によるものであることを争っておらず，甲第1号証によれば，原告が星野との間で本件消費貸借契約を締結したことが認定できる。また，スリーパーが星野に代理権を授与していたことについては，被告が答弁書でそれに沿った主張をしている。さらに，甲第3号証の1によれば，原告がスリーパーに対して銀行振込みの方法により1000万円を支払ったことが容易に認定可能である。裁判所は，そのような当事者双方の主張立証から，原告の主張

- 39 -

する保証契約の主債務が存在するとの暫定的心証を形成し，被告に対し，今後の抗弁主張の可能性や反証の予定を確認した上で，主債務の存在に係る主要事実を争点から外し，争点を保証契約の成否に絞るように示唆して，最終的には，被告がスリーパーの主債務の存在を争わないこととして，争点を保証契約の成否に絞ったものと推測できる。

　以下，上記の争点整理の実施を前提に，本件における争点整理上のポイントのうちの幾つかを簡潔に説明する。

ア　主要事実レベルの争点の整理

　(ア)　請求原因

　　　請求原因は，次のようになる。

　　①　原告は，星野に対し，平成２３年５月２５日，弁済期を同年８月３１日として１０００万円を貸し付けた。

　　②　スリーパーは，星野に対し，①に先立ち，①の代理権を授与した。

　　③　スリーパーは，平成２３年５月２５日当時，株式会社であった。

　　④　被告は，原告との間で，平成２３年５月２６日，①から③によるスリーパーの貸金返還債務を保証することを合意した。

　　⑤　被告の④の意思表示は書面による。

　　⑥　平成２３年８月３１日は経過した。

　(イ)　請求原因に対する認否

　　　答弁書の認否及び第１回弁論準備手続期日における被告の陳述によれば，これらに対する被告の認否は，①から③は認め，④及び⑤は否認する（⑥は，顕著な事実であり，認否の対象ではない。）というものである。

　(ウ)　主要事実レベルの争点整理

　　　したがって，第１回弁論準備手続期日の時点での主要事実レベルの争点は，請求原因として上記④及び⑤の事実ということになる。そして，上記の各事実は，要件事実的に分析すると異なる事実ということになるが，社会的事実としては，「被告が，平成２３年５月２６日，原告との間で，『書面により』，本件消費貸借契約に係るスリーパーの債務につき保証することを合意した」との事実とみることができる。

　　　裁判所の働き掛けにより，訴状及び答弁書が提出された段階との比較においても，争点が的確に整理されていることが分かる。このように，争点整理において書証の果たす役割は大きく，争点整理を適正かつ迅速に行うためには，主要な書証が争点整理の段階までに提出される必要がある。

イ　間接事実及び補助事実レベルの争点の整理
　　(ア)　間接事実及び補助事実の重要性
　　　　　直接証拠（例えば契約書）だけで事実認定が可能な事案もないわ
　　　　けではないが，一般に，間接事実ないし補助事実による信用性の検
　　　　討なしに直接証拠（例えば当事者尋問の結果）だけで主要事実を認
　　　　定できる事案は少なく，訴訟の提起に至るまでの一連の経緯や当事
　　　　者の行動などの間接事実や補助事実を認定し，これによって直接証
　　　　拠の信用性を判断するのが通常である。そうすると，真の争点は，
　　　　間接事実や補助事実のレベルで見い出されることになる。このよう
　　　　なことを踏まえて，訴状や答弁書等の準備書面には，要件事実のみ
　　　　ならずこれに関連する重要な間接事実や補助事実を記載しなければ
　　　　ならないとされていること（規５３条１項，２項，７９条２項，３
　　　　項，８０条１項，８１条など）は，前記（１５頁，２７頁）のとおり
　　　　である。
　　　　　このような考慮から，裁判所は，第１回口頭弁論期日において，
　　　　双方の訴訟代理人に対し，前記（３４頁）のとおり，準備書面の提出
　　　　等を求めたものと思われ，第１回弁論準備手続期日においては，期
　　　　日に先立って提出された原告第１準備書面及び被告準備書面(1)の内
　　　　容を踏まえて，間接事実及び補助事実レベルでの争点整理が行われ
　　　　たと推測できる。
　　(イ)　間接事実・補助事実レベルの争点整理のポイント
　　　　　ここで，平成２３年５月２６日の保証合意（上記ア(ア)④の事実）
　　　　について，間接事実・補助事実レベルでの争点整理のポイントを検
　　　　討する。保証合意の有無について，間接事実・補助事実レベルでポ
　　　　イントとなるのは，甲第１号証の被告作成部分がどのように作成さ
　　　　れたかという点であろう。この点について，原告は，平成２３年５
　　　　月２６日に，被告が原告事務所を訪れ，原告代表者に対し，被告の
　　　　押印のある甲第１号証を交付したと主張しており（訴状の第２「請
　　　　求の原因」４項，原告第１準備書面の第２「原告の主張」４項），こ
　　　　れに対し，被告は，甲第１号証の契約書に被告が押印した事実も，
　　　　誰かに押印を依頼した事実もなく，そもそも被告名下の印影は，被
　　　　告の印章によるものではないと主張している（答弁書の第４「被告
　　　　の主張」３項）。この点につき，原告は，甲第５号証及び第６号証（い
　　　　ずれも借受証）を提出し，それらにも甲第１号証と同一の印章によ
　　　　る印影が存在し，それらは，甲第１号証の印影が被告の押印による
　　　　ことを基礎付け，甲第１号証が二段の推定により真正に成立したこ

とを基礎付けるとの趣旨の主張をするようであるが，被告は，甲第
５号証及び第６号証の印影は被告の印章によるものではなく，被告
が作成した手書きの書面に誰かが勝手に押印したものであると主張
して，原告の主張を争っているため，これだけでは直ちに二段の推
定の前提事実となる被告の印章による印影が存在することを基礎付
けることはできない。また，被告が，スリーパーによるグループホー
ム事業にどのような形で関わったのか，例えば，平成２３年春頃，
被告が星野とともに原告事務所を訪れ，原告代表者に対し，グルー
プホーム事業への原告による出資を依頼し，これに対し，原告代表
者が，被告が連帯保証をした融資であれば協力するとの申出をして
被告もこれを了承したことがあるのか（原告第１準備書面第２の２）
などは重要なポイントになる。さらに，原告代表者が平成２６年１
月１４日にスリーパーを訪れた際には，被告名下の押印がない本件
消費貸借契約の契約書（乙第１号証参照）を持参したこと（被告準
備書面(1)の第２「被告の主張」２項）や原告がスリーパーの代理人
である星野との間で平成２３年９月１日に別件消費貸借契約を締結
した際には，被告が連帯保証をしていないこと（被告準備書面(1)の
第２「被告の主張」４項）などの事実の存否が重要なポイントにな
る。

(6) 証拠関係（書証）

原告は，甲第５号証及び第６号証を提出し，また，被告は，乙第１号
証から第４号証までを提出し，それぞれ証拠調べがされた。被告は，甲
第５号証及び第６号証についてそれぞれ成立を否認する旨述べ，その理
由として，名下の印影は誰かが「沢村」名義の三文判を勝手に用意し押
印したと述べており，甲第５号証及び第６号証については成立の真正に
争いがある（別冊記録３１頁，３２頁）。

(7) 次回期日までに準備すべき事項の確認

裁判所は，原告訴訟代理人に対し，被告準備書面(1)の主張に対する認
否等を記載した準備書面を１１月９日までに提出することを求め，被告
訴訟代理人に対して１１月９日までに提出される原告準備書面に対する
認否を記載した準備書面を１１月１６日までに提出することを求めた。
また，双方の訴訟代理人に対し，人証申請の予定を検討し，１１月１６
日までに申請予定の人証の陳述書を提出するよう求めた。

次回期日（第２回弁論準備手続期日）は，前回の期日で平成２８年１
１月１８日午後２時３０分と指定済みである。

なお，裁判所は，本期日で次々回期日に当たる第２回口頭弁論期日を

平成28年12月21日午後1時30分と指定した。これは，弁論準備手続終了後，速やかに人証調べができるよう図ったものであり，審理の計画的な進行（前記35頁）を意識したものである。

4　第2回弁論準備手続期日

(1) 準備書面の陳述

原告から第2準備書面が，被告から準備書面(2)が事前に提出され，第2回弁論準備手続期日で陳述された。

(2) 争点の整理

第1回弁論準備手続期日に引き続き争点整理手続が行われた。

なお，実務上，争点整理手続に当事者本人を関与させることもある。争点整理手続に当事者本人が出頭していれば，本人に確かめるべき事項をその場で確認することができ，事案によっては，効率よく争点整理を進めることができる。

(3) 証拠関係

ア　書証

原告は甲第7号証から第12号証まで，被告は乙第5号証及び第6号証をそれぞれ提出し，証拠調べがされた。

イ　人証

第2回弁論準備手続期日前に，原告は証人星野真人及び原告代表者の，被告は証人田沢裕及び被告本人の各尋問の申出をし，裁判所は，同期日にこの4人を第2回口頭弁論期日に取り調べることを決定した。

(ア) 申出（法180条，207条，規99条1項，106条，107条，127条）

人証の申出には，証拠申出書を提出させる。これは準備書面の一種と考えられ，その書面に基づき，口頭弁論期日に口頭で証拠の申出をすることとなる。したがって，法161条3項も適用されるが，判例は，相手方が予想できる場合は証拠申出書に記載がなくとも申出ができるとする（最判昭27．6．17民集6．6．595）。ただし，期日前においても人証の申出をすることができる（法180条2項）。また，尋問事項書は，できる限り，個別的かつ具体的に記載しなければならない（規107条2項）が，本件の証拠申出書添付の尋問事項書は，いずれもほぼ十分であるといえよう。その上，本件では，弁論準備手続において，争点整理及び人証の取調べの要否の検討の過程で事実関係の認識について十分討議されていると推測されること，当事者双方から申出がされている人証について，弁

論準備手続の結果を踏まえた詳しい陳述書が提出されていることなどに照らすと，証拠決定，証拠調べに全く支障はない。

なお，人証の申出は，尋問に要する見込みの時間を明らかにしてしなければならない（規106条）。

原告は，第2回弁論準備手続期日前に，証人星野真人と原告代表者の尋問を求める証拠申出書（別冊記録107頁），被告は，証人田沢裕と被告本人の尋問を求める証拠申出書（別冊記録111頁）を提出している。

(イ)　証拠決定

申出がされた証人，本人のうち誰を調べるか，順序をどうするかなどは，裁判所の訴訟指揮に任されている。しかし，民訴法は，人証の尋問は，できる限り，争点及び証拠の整理が終了した後に集中して行わなければならないと規定し（法182条），集中証拠調べの原則を採用している。したがって，人証の尋問は，事案にもよるが，できる限り，争点等の整理を終えた後に，集中して行うように努める責務が裁判所及び当事者に課せられているといえよう。また，民訴規則は，人証の尋問は，争点等の整理手続の終了又は終結後における最初の口頭弁論期日において，直ちにできるようにしなければならない（規101条）として，証拠調べの準備の指針を設けている。

なお，申出が不適式であったり，事件の争点に関係ないものは採用すべきではない（法181条1項）。裁判所が既にある争点について心証を得た場合に，これと同一方向の心証を形成させることを目的とする証拠も同様である。一旦採用しても，その後に尋問の必要性が消滅した場合には，証拠決定を取り消すことができる（法120条）。

裁判所は，双方当事者の証拠申出を受けて，第2回弁論準備手続期日に証人星野真人，原告代表者，証人田沢裕及び被告本人の各尋問を採用し（別冊記録36頁，37頁），尋問順序及び尋問時間を第2回弁論準備手続調書（別冊記録7頁，8頁）記載のとおりと定めた。

(4)　和解の試み

裁判所は訴訟がいかなる程度にあるかを問わず和解を試みることができる（法89条）。実務上は，主として，①審理の初期段階，②争点整理の終了段階，③人証調べの終了後などで和解勧告が行われている。なお，和解手続を進める場合には，訴訟代理人が和解についての委任を受けていることが必要である（法55条2項2号）が，訴訟代理人が和解の権限を有している場合でも，事情をよく知り，最終の判断をする本人又は法定代理人の出頭を求めることが多い（規32条1項参照）。

本件で，裁判所は，第２回弁論準備手続期日で和解勧告をしている（別冊記録８頁）。第１回口頭弁論期日で，当事者双方は，和解の可能性について検討することになった（前記３５頁）が，裁判所は，その検討結果を聴いた上で，争点整理の内容及び書証の証拠調べの結果なども踏まえ，争点整理の終了段階で和解の試みをするのが相当であると判断したものと推測される。もっとも，和解は成立せず，和解は同日打ち切られた。

(5)　弁論準備手続の終結

　弁論準備手続を終結するに当たり，裁判所は，「その後の証拠調べにより証明すべき事実を当事者との間で確認」し（法１７０条５項による１６５条１項の準用），相当と認めるときは，当事者に弁論準備手続における「争点及び証拠の整理の結果を要約した書面を提出させる」ことができる（法１７０条５項による１６５条２項の準用）。争点等の整理手続は，その後に行われる証拠調べを争点に焦点を合わせて集中的かつ効率的に行うためのものであり，そのためには，裁判所と当事者双方が証拠調べにより証明すべき事実（法１６５条１項参照）について共通の認識を持つ必要があることから要求されるものである。

　本件でも，裁判所は，本件における争点，すなわち「その後の証拠調べにより証明すべき事実」，を「当事者との間で確認」し，この争点を立証するために，申出がされていた証人星野真人，原告代表者，証人田沢裕及び被告本人を尋問する旨決定し，弁論準備手続を終結した。

　なお，「その後の証拠調べにより証明すべき事実」の内容によっては，本件のように口頭により確認した内容を調書化する方法（規９０条による８６条１項の準用）のほか，前記のように当事者から争点等の整理の結果を要約した書面を提出させる場合もある。本件では，口頭による確認がされ，確認された事実が調書に記載されている。

5　第２回口頭弁論期日一弁論準備手続の結果の陳述，集中証拠調べ，弁論の終結，和解の試み

(1)　弁論準備手続の結果の陳述

　弁論準備手続を経た場合，争点整理の結果を証拠調べに引き継ぐために（受命裁判官によって実施された場合には，これに直接主義の要請も加えて），当事者は，口頭弁論期日において，弁論準備手続の結果を陳述しなければならない（法１７３条）。この場合，当事者は，その後の証拠調べによって証明すべき事実を明らかにしてしなければならない（規８９条。なお，規１０１条参照）。

　なお，弁論準備手続には，いわゆる失権効は認められていないが，弁

論準備手続終結後に新たな攻撃防御方法を提出した当事者は，相手方の求めがあるときは，相手方に対し，弁論準備手続の終結前にこれを提出できなかった理由を説明しなければならない（法１７４条による１６７条の準用）。

　本件では，第２回口頭弁論期日において，原告訴訟代理人，被告訴訟代理人が，それぞれ口頭で争点及びそれについての各主張を明らかにする方法で，弁論準備手続の結果の陳述（法１７３条）を行った（別冊記録１０頁）。

(2)　集中証拠調べの実施

　第２回弁論準備手続期日で採用された証人星野真人，原告代表者，証人田沢裕及び被告本人が出頭し，予定どおりその取調べが実施され，尋問調書が作成された（規６７条１項３号，４号）。

(3)　口頭弁論の終結

　裁判所は，事件が裁判をするのに熟したとき，すなわち，訴訟の審理が訴えに対して結論を出せる状態に達したならば，口頭弁論を終結して終局判決をすべきである（法２４３条１項）。

　口頭弁論終結時が判決の既判力の標準時となる（民執３５条２項参照）ので，口頭弁論終結時を明らかにするため，判決書には，口頭弁論の終結の日を記載しなければならない（法２５３条１項４号）。

　本件で，裁判所は，集中証拠調べ後，口頭弁論を終結し，判決言渡期日を平成２９年２月８日午後１時１０分と指定した（別冊記録１０頁）。

(4)　和解の試み

　本件で，裁判所は，口頭弁論終結日の午後４時３０分に和解期日を指定し，和解を試みている（別冊記録１０頁，１１頁）。実務では，和解の試みが不調に終わった後に弁論を終結する運用も多い。いずれにしても，この段階では，裁判所は心証を形成しているので，当事者に対し，和解成立に向けて的確で積極的な働き掛けをすることができる。

6　集中証拠調べ

(1)　集中証拠調べ（法１８２条）

ア　集中証拠調べの意義

　　かつては，複数の人証を取り調べる場合，前記のような集中証拠調べと異なり，証拠調べ期日の間隔が長く，各期日に人証を順次取り調べる，いわゆる五月雨式審理が見受けられた。そのような審理方式においては，裁判官も訴訟代理人も，証拠調べ期日ごとに薄れかけた記憶を呼び戻すために，その都度訴訟記録を読み直すなどして無駄な時間と労力を費やさなくてはならない。また，同じ事実につき各人証に重複して尋問をし

がちであるなど不経済であり，裁判所の心証形成も容易でない。その上，審理期間の長期化に伴い，裁判官が交替することもある。

これに対し，集中証拠調べは，証拠調べのための準備の回数が少なくて済み，同じ事実につき各証人に重複して尋問することを避けることができ，対質（規１１８条，１２６条）ができるなど極めて効率的であり，また，心証形成が比較的容易で，裁判所が新鮮な心証に基づき早期に適正な判断をすることが可能になる。現在では，原則として集中証拠調べを行うことが定着しており，１回の口頭弁論期日で当該事件の全ての尋問が行われることが多い。仮に１回の期日で全ての尋問を行うことができない場合でも，できるだけ直近の期日を指定するなどして集中的に尋問を行う運用がされている。

なお，集中証拠調べが普及した背景の一つに，当事者本人を中心とした関係者による事件に関する認識を要領よくまとめて記載した陳述書（書証の一種，本件では，甲第１１号証，第１２号証，乙第５号証，第６号証がその例）の活用が挙げられる。この陳述書の活用により人証の採否，尋問のポイント，尋問時間の把握がしやすくなり，計画的な証拠調べを実施しやすくなったといえよう。また，この陳述書は，証拠開示的な機能をも果たし，同一期日における有効な反対尋問を可能にするとともに，争点の整理にも大きな役割を果たしている。

本件では，適切な釈明を含む裁判所の積極的な訴訟指揮及び訴訟代理人の協力により，集中証拠調べを実施することができた。

イ　証人尋問

第２回口頭弁論期日においては，証人星野真人と証人田沢裕の証人尋問が実施されているが，証人尋問の手続の要点は，以下のとおりである。

㋐　人定質問

㋑　宣誓（法２０１条，規１１２条）

裁判長は，証人には，特別の定めがある場合を除き，宣誓をさせなければならない。宣誓の前に，宣誓の趣旨を説明し，かつ，偽証の罰を告げなければならない。

㋒　後に尋問する予定の証人の退廷（規１２０条）

証人尋問は，後に尋問する予定の証人を退廷させて行うのが原則であるが，集中証拠調べの広がりに伴い，必要に応じて後に尋問する証人を在廷させ，先行する証人尋問を聴かせて，争点に焦点を合わせた充実した尋問を目指す運用もある。

㋓　尋問の順序（法２０２条，規１１３条）

双方申出の証人については，立証の必要の程度，証人と当事者との

関係等を考慮してその尋問順序を決定すべきである。

㈠　質問の制限（規１１４条，１１５条）

㈎　異議（法２０２条３項，規１１７条）

㈏　旅費，日当等の請求（民訴費１８条以下）

ウ　当事者尋問

　第２回口頭弁論期日においては，原告代表者及び被告本人尋問も実施された。法人の代表者に対する尋問は，法２１１条，３７条により，当事者本人尋問に関する規定に従って行われる。本件の当事者本人尋問は，いずれも争点に絞って効率よく行われており，争点整理の成果が生かされている。

　本人尋問の手続の要点は，次の点を除き，証人尋問の場合と同じである。

㈠　宣誓（法２０７条１項，２０９条，規１２７条，１１２条）

　宣誓させた当事者が虚偽の陳述をした場合の制裁は，過料である。

㈎　旅費，日当等の請求権のないこと（民訴費１８条）

㈏　尋問順序（法２０７条２項）

　証人と当事者本人の双方を尋問するときには，原則として証人尋問を先行させるが，裁判所が適当と認めるときは，当事者の意見を聴いた上，当事者尋問から始めることができる。実務上は，当事者尋問から始める例も見られる。本件では，原告申請の証人及び原告代表者本人の尋問が実施された後，被告申請の証人及び被告本人の尋問が実施されている。

⑵　口頭弁論調書の記載に代わる録音テープ等への記録等

　証人等の陳述について，調書の記載に代わる録音テープ等への記録の制度（規６８条）がある。この制度は，集中証拠調べが実施された事件等においては，裁判所も当事者も，判決書の作成や次回期日の準備のためなどに，証人等の陳述の記録を使用する必要性が乏しくなる場合が生じることなどを考慮したものである。

⑶　心証形成

　裁判官は，取り調べた証拠の証明力を評価し，弁論の全趣旨をもしん酌しながら，要証事実の存否について自己の判断（心証）を形成していく。証拠の証明力の評価については，裁判官の自由な判断に委ねられている（法２４７条）が，裁判官の自由な判断といっても，裁判官の恣意を許すものではなく，経験法則，論理法則にかなっていなければならない。

7　和解期日

(1) 訴訟上の和解の意義

　　訴訟上の和解は，訴訟の係属中，当事者が訴訟物である権利又は法律関係に関して互いにその主張を譲歩して争いを解決し，訴訟を終了させることを内容とする期日における合意である。和解は判決と並ぶ重要な紛争解決の方法であり，和解が調書に記載されたときは，その記載は，確定判決と同一の効力を有する（法２６７条）。

　　和解による解決の利点として通常挙げられる点は，①紛争の早期における最終的，抜本的解決ができること，②一刀両断ではなく，条理，実情にかなった解決ができること，③債務の自発的な履行が期待できることなどである。

　　なお，和解については，次のような制度もある。

　ア　和解条項案の書面による受諾の制度（法２６４条，規１６３条）

　　　当事者が遠隔の地に居住していることその他の事由により出頭することが困難であると認められる場合において，その当事者があらかじめ裁判所又は受命裁判官若しくは受託裁判官（裁判所等）から提示された和解条項案を受諾する旨の書面を提出し，他の当事者が口頭弁論等の期日に出頭してその和解条項案を受諾したときは，当事者間に和解が調ったものとみなすという制度である。

　イ　裁判所等が定める和解条項の制度（法２６５条，規１６４条）

　　　裁判所等は，当事者の共同の申立てがあるときは，事件の解決のために適当な和解条項を定めることができ，その条項の定めが当事者双方に告知されたときは，和解が成立したものとみなすとの制度である。

(2) 和解における裁判官の役割

　ア　裁判官の役割の重要性

　　　和解による解決をもたらすには，裁判官の積極的関与が不可欠である。当事者の言い分を相互に伝えるだけでは不十分で，的確な事件の把握，バランス感覚，当事者に対する説得の熱意等が，当事者を動かし，和解を成立させる方向に働きやすい。前記の和解条項案の書面による受諾の制度（法２６４条）及び裁判所等が定める和解条項の制度（法２６５条）の活用なども含め，和解における裁判官の役割は重要なものとなっている。それだけに，裁判所は，紛争解決に熱心な余り，和解を強引に勧めるといった誤解を招かないように留意しなければならない。

　イ　和解での心証開示

　　　裁判所は，前記のように和解の積極的活用を図るべきだとすれば，単に合意のあっせんをするだけでなく，一定の合理的な根拠を示して（例えば，客観的な証拠を無視して事件について楽観的な見方をしている当

事者に問題点を気付かせるなどして), 当事者を説得することが必要となってくる。その際, 当事者に対して裁判所が心証を開示することは, その範囲, 方法, 程度に十分配慮すれば, 裁判所の公平・中立性を害するものではなく, その内容が適正であれば, かえって和解に対する国民の信頼を増すことになる。

心証開示の範囲, 程度については, 事件の内容, 審理の段階, 当事者本人の性格等を考慮しながら, 具体的な開示の目的に応じて開示することになろうし, その方法も, 審理の段階に応じた概括的, 暫定的心証であることを示すことが必要である。

(3) 和解における訴訟代理人の役割

依頼者の権利, 利益を擁護し, 紛争を適正, 合理的に解決することが, 訴訟代理人の使命である。したがって, 訴訟代理人は, あらかじめ依頼者の意向を十分酌み取り, ときには和解期日において, 依頼者と一定の距離を保ちながら, 相手方訴訟代理人と冷静に交渉するように努めるべきである。

(4) 本件の和解の試みの経過

裁判所は, 前記 (46頁) のとおり, 第2回口頭弁論期日直後の和解期日において和解を試みたが, この日に和解は成立せず, 和解は続行となった。そして, 裁判所は, C裁判官に受命裁判官として和解を試みさせることとし (法89条) (別冊記録11頁), C裁判官は, 次回の和解期日を平成29年1月10日午後4時に指定した (別冊記録12頁)。

その後, C裁判官は, 同日及び同月17日の2回にわたり和解を試みたが, 結局, 和解は成立せず, 和解は打ち切られた (別冊記録13頁, 14頁)。本件では, 和解交渉の具体的内容は記録に残されていないので, 交渉の経緯は別冊記録から不明であるが, 一般的な和解交渉の内容に照らすと, C裁判官は, 集中証拠調べの結果を踏まえた合議体の方針に基づいて, 心証を開示しながら, 条理にかない実情に即した解決案を示すなどして, 当事者を説得したものの, 双方の隔たりが大きかったために, 和解を打ち切ったものと思われる。

8 第3回口頭弁論期日ー判決言渡期日

(1) 言渡期日 (法251条)

判決は, 言渡しによってその効力を生じる (法250条)。判決の言渡しは, 当事者の一方又は双方が不出頭でもすることができる (法251条2項)。実務では, 判決言渡しの際, 当事者が出頭することは, むしろ少ない。

口頭弁論の終結の日から判決言渡しまでの期間は，原則として二月以内である（法２５１条１項）。裁判官が，言渡期日を順守すべきことはいうまでもない。

(2)　言渡期日の通知（規１５６条）

　判決の言渡期日の日時は，原則として，あらかじめ，書記官が当事者に通知しなければならない（規１５６条本文）。通常は，口頭弁論終結時に裁判官が双方当事者に判決言渡期日を告知しているので，改めて通知することは不要である（同条ただし書参照）。

(3)　言渡しの方式（法２５２条，２５４条，規１５５条）

　判決の言渡しは，判決書の原本に基づいてするのが原則である（法２５２条，規１５５条１項，２項）。本件でも，この原則どおり，判決原本に基づいて判決が言い渡されている（別冊記録１５頁）。

(4)　判決をする裁判官（法２４９条１項）

　判決をする裁判官は，最終の口頭弁論に関与した裁判官でなければならない。言渡しをすることは，ここにいう判決をする，すなわち，判決内容を確定するには当たらないから，言渡しをする裁判官は，最終の口頭弁論に関与した裁判官と同一でなくても差し支えない。

(5)　判決書

　ア　原本の作成（法２５２条）

　判決の内容は，裁判所が単独体の場合は一人の裁判官により，合議体の場合は合議体を構成する裁判官の評議（裁判所法７５条）を経て，評決により確定し（同法７７条），その結果に基づき判決書が作成される。

　また，判決の言渡しは，原則として判決書の原本に基づいてしなければならないから，あらかじめ判決書が作成されていなければならない。ただし，被告が口頭弁論において原告の主張した事実を争わず，その他何らの防御の方法をも提出しない場合及び被告が公示送達による呼出しを受けたにもかかわらず口頭弁論の期日に出頭しない場合（被告の提出した準備書面が口頭弁論において陳述されたものとみなされた場合を除く。）には，いわゆる調書判決の制度により，判決書の原本に基づかないですることができる（法２５４条，規１５５条３項）。

　イ　判決書の様式とその内容（法２５３条，規１５７条）

　判決書作成の目的としては，様々なものが挙げられるが（起案の手引１頁参照），その中でも特に，訴訟当事者に対して判決内容を知らせることが最も重要であるといえる。したがって，判決書の表現は，このことを重視して，平易簡明な文体と分かりやすい文章を用いることが望ましい。

近時の実務では，当事者に分かりやすい判決を目指したいわゆる新様式の判決書（起案の手引８９頁参照）が広く作成されている。この背景には，争点が早期に整理され，その争点につき集中した証拠調べがされるなど充実した審理方式が採用されれば，判決書もその点を中心にした記載で足り，要件事実を網羅的に，主張立証責任の分配に従って摘示するまでの必要はないという考え方がある。したがって，的確な争点整理とこれに続く集中証拠調べによる審理がこのような様式による判決の前提となる。もちろん，その審理の過程において，要件事実の理論に裏付けられた事実の主張立証責任の把握と適切な訴訟指揮が不可欠であることはいうまでもない。

　　法２５３条２項は，判決書の事実の記載においては，請求を明らかにし，かつ，主文が正当であることを示すのに必要な主張を摘示しなければならないとしているが，これは，基本的に新様式の判決書を念頭においた規定といえる。今後も，上記新様式の判決書が作成されるようになった趣旨にのっとり，より分かりやすい判決書を目指して，判決書の様式について工夫を重ねていく必要がある。

(6)　言渡し後の処置
　ア　書記官への交付等（規１５８条）
　イ　調書判決（法２５４条２項，規１５５条３項）
　ウ　当事者への送達（法２５５条，規１５９条）
　　　判決書又は調書判決が記載された調書は，当事者に送達される。これにより，当事者は，判決内容を知り，不服申立てをすべきかどうかの考慮の機会を与えられることになる。判決に対する上訴期間は，その当事者が送達を受けた日から起算する（法２８５条，３１３条）。

第４　訴訟運営の基盤

　　裁判官と当事者及び訴訟代理人は，訴訟進行の各段階において，各々その責任を十分に果たすことが必要である。そのためには，それぞれがお互いの置かれた立場についての理解を深めながら，協力して訴訟の運営を行っていくことが重要である。

　　民訴法は，この点について，裁判所は，民事訴訟が公正かつ迅速に行われるように努め，当事者は，信義に従い誠実に民事訴訟を追行しなければならない（法２条）とし，裁判所及び当事者の責務を定めている。また，当事者は，主張及び立証を尽くすため，あらかじめ，証人その他の証拠について事実関係を詳細に調査しなければならない（規８５条）とし，当事者に調査の義務を負わ

せている。

　書記官は，事件に関する記録等の作成保管，裁判官の行う法令及び判例の調査その他必要な事項の調査補助など，民事訴訟手続の全般にわたって，適正が確保されるための事務を担うとともに，手続の主宰者である裁判官との間で事件の進行に関する方針や見通しを確実に共有し，裁判所と当事者や訴訟代理人との接点となって，手続の円滑な進行を確保するなど，適正迅速な裁判を実現するために，裁判官の訴訟運営を補助する重要な役割を果たしている。したがって，訴訟運営には，裁判官と書記官の連携協働が不可欠であり，裁判官と書記官が日頃から意思の疎通に努め，信頼関係を築き上げておくことが重要である。また，訴訟代理人である弁護士も書記官の役割について理解する必要があろう。

第一審手続の流れ　　　　　　　　（　原　　　　　　　告　）（　裁　判　所　）（　被　　　　　　　告　）

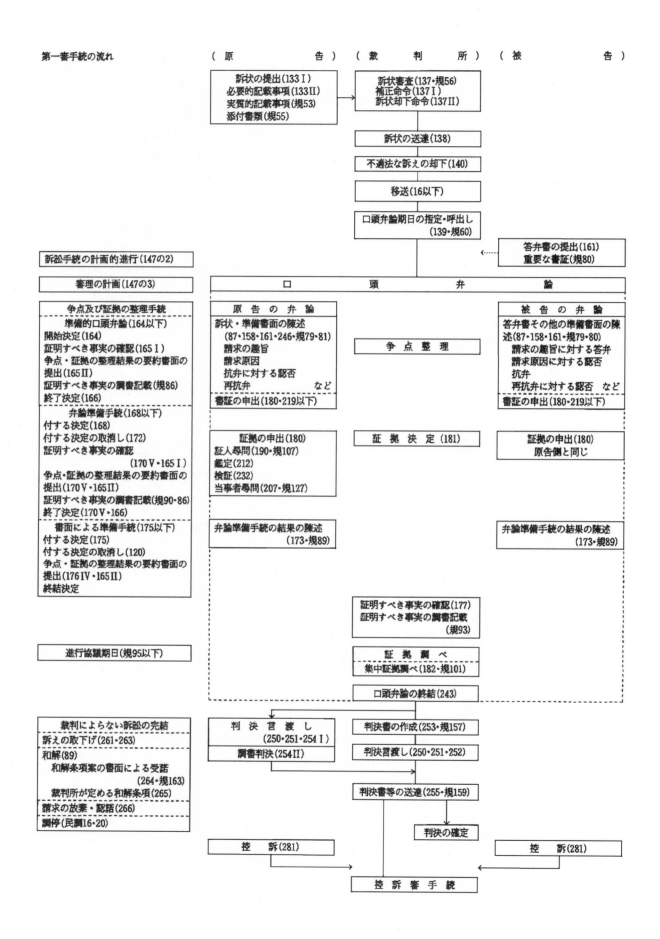

訴状の提出(133Ⅰ)
必要的記載事項(133Ⅱ)
実質的記載事項(規53)
添付書類(規55)

訴状審査(137・規56)
補正命令(137Ⅰ)
訴状却下命令(137Ⅱ)

訴状の送達(138)

不適法な訴えの却下(140)

移送(16以下)

口頭弁論期日の指定・呼出し
(139・規60)

答弁書の提出(161)
重要な書証(規80)

訴訟手続の計画的進行(147の2)

審理の計画(147の3)

口　　　　　頭　　　　　弁　　　　　論

争点及び証拠の整理手続
準備的口頭弁論(164以下)
開始決定(164)
証明すべき事実の確認(165Ⅰ)
争点・証拠の整理結果の要約書面の
提出(165Ⅱ)
証明すべき事実の調書記載(規86)
終了決定(166)
弁論準備手続(168以下)
付する決定(168)
付する決定の取消し(172)
証明すべき事実の確認
(170Ⅴ・165Ⅰ)
争点・証拠の整理結果の要約書面の
提出(170Ⅴ・165Ⅱ)
証明すべき事実の調書記載(規90・86)
終了決定(170Ⅴ・166)
書面による準備手続(175以下)
付する決定(175)
付する決定の取消し(120)
争点・証拠の整理結果の要約書面の
提出(176Ⅳ・165Ⅱ)
終結決定

原　告　の　弁　論
訴状・準備書面の陳述
(87・158・161・246・規79・81)
請求の趣旨
請求原因
抗弁に対する認否
再抗弁　　　　　　など
書証の申出(180・219以下)

争点整理

被　告　の　弁　論
答弁書その他の準備書面の陳
述(87・158・161・規79・80)
請求の趣旨に対する答弁
請求原因に対する認否
抗弁
再抗弁に対する認否　など
書証の申出(180・219以下)

証拠の申出(180)
証人尋問(190・規107)
鑑定(212)
検証(232)
当事者尋問(207・規127)

証拠決定(181)

証拠の申出(180)
原告側と同じ

弁論準備手続の結果の陳述
(173・規89)

弁論準備手続の結果の陳述
(173・規89)

証明すべき事実の確認(177)
証明すべき事実の調書記載
(規93)

進行協議期日(規95以下)

証　拠　調　べ
集中証拠調べ(182・規101)

口頭弁論の終結(243)

裁判によらない訴訟の完結
訴えの取下げ(261・263)
和解(89)
和解条項案の書面による受諾
(264・規163)
裁判所が定める和解条項(265)
請求の放棄・認諾(266)
調停(民調16・20)

判　決　言　渡　し
(250・251・254Ⅰ)
調書判決(254Ⅱ)

判決書の作成(253・規157)

判決言渡し(250・251・252)

判決書等の送達(255・規159)

判決の確定

控　　訴(281)

控　　訴(281)

控　訴　審　手　続

平成　　　年（ワ）第　　　　　号

訴 訟 進 行 に 関 す る 照 会 書

○○地方裁判所民事第　　　部

　本件の円滑な進行を図るため，下記の照会事項に御回答の上，早急に当部に提出されるよう御協力ください（ファクシミリも可）。

　なお，御回答いただいた書面は，本件の訴訟記録につづり込むこととなります。

（照会事項）
1　郵便による訴状送達の可能性
　　　□被告の住所地に，平日，本人又は同居者・事務員がいる
　　　□被告の住所地に，休日の方が，本人又は同居者・事務員がいる
　　　□被告の住所不明ということで，公示送達になる見込み
2　被告の就業場所について
　　　□判明している（　　　　　　　　　　　　　　　　　　　　　　　）
　　　□調査したが分からない　　　□調査未了
3　被告の欠席の見込み　　　□ある　　　□ない　　　□不明
4　被告との事前交渉　　　□ある　　　□ない
5　被告との間の別事件の有無
　　　□ある（　裁判所名　　　　　　　　　　　　　裁判所
　　　　　　　　事件番号　平成　　　年（　　）第　　　　　号　）
　　　□ない
6　事実に関する争い　　　□ある　　　□ない
7　和解について
　　　□条件次第である
　　　□全く考えていない
8　その他，裁判の進行に関する希望等，参考になることがあれば自由に記入してください

　　　平成　　　年　　月　　日　　　　回答者
　　　　　　　　　　　　　　　　　　　電話番号　　　　－　　　　－

平成　　年(　)第　　　号

　　原　告

　　被　告

進　行　意　見　書

　当裁判所では，円滑な審理を行うため，今後の進行などについて意見をうかがっております。弁護士に依頼の予定のない人は自分でよく考えて記載し，その予定のある人は弁護士に記載してもらって，答弁書と一緒に担当係へ持参又は郵送してください。

　　　　　　　　　　　　　　　　　　　　○○地方裁判所民事第　　　部　　　係

1　弁護士を代理人として依頼する予定がありますか。

　　□　ある（氏名　　　　　　　　　　　）　　　　□　ない

2　本件訴訟が提起される前に，原告側と話合いをしたことがありますか。

　　□　ある　　　　　　　　　　　　　　　□　ない

3　早期の段階で，原告と話合いによる解決を希望しますか。

　　□　希望する　　　□　希望しない　　　□　現段階ではどちらとも言えない

4　本件訴訟と関連する事件がありますか。

　　□　ある（裁判所名　　　　　　　　　事件番号　　　　　　　　　）

　　□　ない

5　本件の進行についての意見があれば書いてください。

本　人　住　　　　所（　　　　　　　　　　　　　　　　　　　）

　　　　氏　　　　名（　　　　　　　　　　　　　　　　　　　）

　　　　自宅電話番号（　　　　　　　　　　　　　　　　　　　）

代理人　氏　　　　名（　　　　　　　　　　　　　　　　　　　）

　　　　○○地方裁判所民事第　　　部　　　係　御中

訴 状 審 査 表

平成　　　年（　）第　　　　号

審査事項		事件係		係書記官	指　摘　事　項	連絡	結果
		開封者	立件者				
当事者	当事者の表示				□文書追完	／	
	電話番号等					／	
	委　任　状					／	
	資格証明書					／	
						／	
訴訟物	訴訟物の価額				□別添手数料額算出表記載のとおり	／	
	貼用印紙額				□訴状の郵券等確認印備考欄記載のとおり		
	価格証明書					／	
						／	
その他	管　　轄				□管轄証明文書追完	／	
	裁判所の表示					／	
	作　成　日						
	作　成　者　印					／	
	予納郵券額					／	
						／	
	返信用封筒等	有・無	済・引		□返信用あり→□封筒　□ハガキ　□レターパック	／	
添付書類	訴　状　副　本				□文書追完	／	
	戸　籍　謄　本					／	
	登　記　簿　謄　本					／	
	不　調　証　明　書					／	
	目　録・図　面					／	
	重　要　書　証					／	
						／	
	メ　デ　ィ　ア　類		有・無		□CD-R・DVD・その他（　　）→正　枚,副　枚	／	

請求の趣旨・原因等

連絡メモ

〔書記官〕

〔裁判官〕

備考

事件係欄「×」印があるものは，事件係で記載等の不備に気付いた事項である。

□医療事件　□秘匿希望　□マイナンバー

第4版 民事訴訟第一審手続の解説

事件記録

取寄記録		保管物		期日	予定
民事第一審訴訟事件記録				9/21 ・ 10:00	
				10/21 ・ 11:30	弁準
○○地方裁判所民事第○部				11/18 ・ 2:30	弁準
				11/18 ・ 3:00	和
事件番号	平成 28 年(ワ)第 577 号			12/21 ・ 1:30	証2・本2
				12/21 ・ 4:30	和
	平成 年(ワ)第 号			1/10 ・ 4:00	和
				1/17 ・ 4:00	和
	平成 年(ワ)第 号			2/ 8 ・ 1:10	判
				/ ・ :	
付随事件 (関連事由)	平成 年 ( ) 第 号( )			/ ・ :	
	平成 年 ( ) 第 号( )			/ ・ :	
	平成 年 ( ) 第 号( )			/ ・ :	
事件の標目	保証債務履行請求事件				
裁判官	A・B・C	書記官	D・E・F	係名	

符号	原告			
甲	株式会社ゴールドエース	代理人	甲野 太郎	

符号	被告			
乙	沢村 俊治	代理人	乙野 花子	

結果	平成 年 月 日 請求認容・一部認容・請求棄却・取下・和解成立・( )
保存始期	平成 年 月 日
保存終期	平成 年 月 日

全 冊中の第 冊

当事者欄 符号 原告 甲・被告 乙・参加人 丙・引受人 丁・補助参加人 戊

平成 ２８ 年（ワ）第 ５７７ 号
該当する事項の□にレ点を付する。

			告　　知
☑ 口頭弁論　　　　　　　　　　　　　　午前			☑同日
本件　　　　　　期日を平成２８年　９月２１日　１０　時　００　分			□平成　　　・　・
□　　　　　　　　　　　　　　　　　　　　午後			☑原告（☑代理人）
と指定する。			□口頭 ☑電話 □ファクシミリ
平成２８年　　８月２５日			
裁判長（官）　　㊞			裁判所書記官　㊞

本件を合議体で審理及び裁判する。
平成２８年　　８月２５日
裁判長　㊞　　　　裁判官　㊞　　　　裁判官　㊞

□和解　　□　　　　□					関係
調書正本送達口頭申請調書					
申請日	平成　　　　年　　　月　　　　日				
申請人	□原告　□被告　□　控訴人　　□　　　　　　□（復）代理人				
送達対象者	□当事者双方　　□利害関係人　□				
裁判所書記官					
□和解　　□放棄　　□認諾　　□調停					関係
調書正本送達口頭申請調書					
申請日	平成　　　　年　　　月　　　　日				
申請人	□原告　□被告　□　控訴人　　□　　　　　　□（復）代理人				
送達対象者	□当事者双方　　□利害関係人　□				
裁判所書記官					

民　事　保　管　物				
保 管 番 号	受入年月日	提　出　者	品　目　等	返還年月日

第 1 回 口 頭 弁 論 調 書

事 件 の 表 示　　　平成２８年（ワ）第５７７号

期　　　　　　　日　　　平成２８年９月２１日　午前１０時００分

場所及び公開の有無　　○○地方裁判所民事第○部法廷で公開

裁 判 長 裁 判 官　　　　　　　　Ａ

裁　　判　　官　　　　　　　　　Ｂ

裁　　判　　官　　　　　　　　　Ｃ

裁 判 所 書 記 官　　　　　　　　Ｄ

出 頭 し た 当 事 者 等　　原告代理人　甲 野 太 郎

　　　　　　　　　　　　被告代理人　乙 野 花 子

指　定　期　日　　　平成２８年１０月２１日　午前１１時３０分　弁論準備

　　　　　　　　　　平成２８年１１月１８日　午後２時３０分　弁論準備

　　　　　　　　　弁　論　の　要　領　等

原　告

1　　訴状陳述

2　　１０月４日までに①本件消費貸借契約及び本件連帯保証契約の締結の経緯並
　　びに②甲第１号証の作成経緯を記載した準備書面を提出する。

被　告

1　　答弁書陳述

2　　１０月１１日までに①上記の原告準備書面に対する認否並びに②甲第１号証
　　のスリーパー作成部分の成立の真正についての認否及びそれを否認する場合は
　　その理由を記載した準備書面を提出する。

当事者双方

本件における和解の可能性について検討する。

裁判長

　　　本件を弁論準備手続に付する。

証拠関係別紙のとおり

　　　　　　　　　　　　　　裁判所書記官　　　　Ｄ　　　　㊞

第 1 回 弁 論 準 備 手 続 調 書

事 件 の 表 示　　　平成２８年（ワ）第５７７号

期　　　　　　　日　　　平成２８年１０月２１日　午前１１時３０分

場　　所　　等　　　○○地方裁判所民事第○部準備手続室

裁 判 長 裁 判 官　　　　　　　Ａ

裁　　判　　官　　　　　　　　Ｂ

裁　　判　　官　　　　　　　　Ｃ

裁 判 所 書 記 官　　　　　　　Ｄ

出 頭 し た 当 事 者 等　　原告代理人　甲 野 太 郎

　　　　　　　　　　　　被告代理人　乙 野 花 子

指　定　期　日　　　平成２８年１１月１８日　午後２時３０分（既指定）

　　　　　　　　　　　平成２８年１２月２１日　午後１時３０分　口頭弁論

当 事 者 の 陳 述 等

原　　告

1　第１準備書面陳述

2　１１月９日までに被告準備書面（１）に対する認否及び主張を記載した準備
書面を提出する。

被　　告

1　準備書面（１）陳述

2　１１月１６日までに上記の原告準備書面に対する認否を記載した準備書面を
提出する。

3　スリーパーが星野に対して本件消費貸借契約に先立ち同契約に係る代理権を
授与し，原告と星野が同契約を締結した事実及び星野が原告に対して平成２３

年5月25日にスリーパーの本件貸金返還債務を書面で連帯保証した事実は認め，原告のスリーパーに対する同契約に基づく貸金返還請求権が存在することは争わない。

当事者双方

　　人証申請の予定を検討し，11月16日までに申請予定の者の陳述書を提出する。

証拠関係別紙のとおり

　　　　　　　　　　　　　　裁判所書記官　　　　　D　　　　㊞

第２回弁論準備手続調書

事件の表示　　　　平成２８年（ワ）第５７７号

期　　　日　　　　平成２８年１１月１８日　午後２時３０分

場　所　等　　　　○○地方裁判所民事第○部準備手続室

裁判長裁判官　　　　　　　Ａ

裁　判　官　　　　　　　　Ｂ

裁　判　官　　　　　　　　Ｃ

裁判所書記官　　　　　　　Ｄ

出頭した当事者等　原告代理人　甲　野　太　郎

　　　　　　　　　被告代理人　乙　野　花　子

指　定　期　日　　平成２８年１１月１８日　午後３時００分　和解

　　　　　　　　　平成２８年１２月２１日　午後１時３０分　口頭弁論（既

　　　　　　　　　指定）

　　　　　　　当　事　者　の　陳　述　等

原　告

　　第２準備書面陳述

被　告

　　準備書面（２）陳述

裁判長及び当事者双方

1　　証拠調べによって証明すべき事実は次のとおりである。

　　（記載省略）

2　　次回口頭弁論期日において，以下の順序及び時間で証拠調べを行う。

　（1）証人星野真人（原告申出，主尋問１５分，反対尋問２０分，同行）

⑵　原告代表者（原告申出，主尋問２０分，反対尋問２０分，同行）

⑶　証人田沢裕（被告申出，主尋問１０分，反対尋問１５分，同行）

⑷　被告本人（被告申出，主尋問２０分，反対尋問２０分，同行）

証拠関係別紙のとおり

裁判長

1　　和解勧告

2　　弁論準備手続終結

裁判所書記官　　　　Ｄ　　　　㊞

和 解 期 日 調 書

事 件 の 表 示　　平成２８年（ワ）第５７７号

期　　　　　　日　　平成２８年１１月１８日　午後３時００分

場　　　　　　所　　○○地方裁判所民事第○部和解室

裁 判 長 裁 判 官　　　　　　　Ａ

裁　　 判　　 官　　　　　　　Ｂ

裁　　 判　　 官　　　　　　　Ｃ

裁 判 所 書 記 官　　　　　　　Ｄ

出 頭 し た 当 事 者 等　　原告代理人　甲 野 太 郎

　　　　　　　　　　　被告代理人　乙 野 花 子

　　　　　　　手　 続　 の　 要　 領　 等

裁判長

　　和解を打ち切る。

　　　　　　　　　　　　　裁判所書記官　　　　Ｄ　　　　㊞

裁判長認印　㊞

第 2 回 口 頭 弁 論 調 書

事 件 の 表 示　　　平成２８年（ワ）第５７７号

期　　　　　　日　　　平成２８年１２月２１日　午後１時３０分

場所及び公開の有無　　○○地方裁判所民事第○部法廷で公開

裁 判 長 裁 判 官　　　　　　Ａ

裁　　判　　官　　　　　　　Ｂ

裁　　判　　官　　　　　　　Ｃ

裁 判 所 書 記 官　　　　　　Ｅ

出頭した当事者等　　　原告代表者　坂 本 新 矢

　　　　　　　　　　　原告代理人　甲 野 太 郎

　　　　　　　　　　　被　　告　沢 村 俊 治

　　　　　　　　　　　被告代理人　乙 野 花 子

指　定　期　日　　　平成２８年１２月２１日　午後４時３０分　和解

　　　　　　　　　　　平成２９年２月８日　午後１時１０分（判決言渡し）

　　　　　　　　弁　論　の　要　領　等

当事者双方

　　　弁論準備手続の結果陳述

証拠関係別紙のとおり

裁判長

１　　和解勧告

２　　弁論終結

　　　　　　　　　　　　　　裁判所書記官　　　　　Ｅ　　　　　㊞

和 解 期 日 調 書

事 件 の 表 示　　　平成２８年（ワ）第５７７号

期　　　　　　日　　　平成２８年１２月２１日　午後４時３０分

場　　　　　　所　　　○○地方裁判所民事第○部和解室

裁 判 長 裁 判 官　　　　　　　Ａ

裁　　判　　官　　　　　　　　Ｂ

裁　　判　　官　　　　　　　　Ｃ

裁 判 所 書 記 官　　　　　　　Ｅ

出 頭 し た 当 事 者 等　　原告代表者　坂 本 新 矢

　　　　　　　　　　　　原告代理人　甲 野 太 郎

　　　　　　　　　　　　被　　告　沢 村 俊 治

　　　　　　　　　　　　被告代理人　乙 野 花 子

　　　　　　　　手　続　の　要　領　等

裁判長

1　　和解続行

2　　本件和解手続を受命裁判官に行わせる。

3　　受命裁判官にＣを指定する。

　　　　　　　　　　　　裁判所書記官　　　　　Ｅ　　　　　㊞

平成２８年㈦第５７７号

　本件和解期日を平成２９年１月１０日午後４時と指定する。

　　平成２８年１２月２１日

　　　○○地方裁判所民事第○部

　　　　受命裁判官　　　　　　　　　Ｃ　　　　　　㊞

同日当事者双方代理人に口頭で告知済み　　　裁判所書記官　　　　　㊞

和 解 期 日 調 書

事 件 の 表 示　　平成２８年（ワ）第５７７号

期　　　　　　日　　平成２９年１月１０日　午後４時

場　　　　　　所　　○○地方裁判所民事第○部和解室

受 命 裁 判 官　　　　　　　C

裁 判 所 書 記 官　　　　　　　D

出 頭 し た 当 事 者 等　　原告代表者 坂 本 新 矢

　　　　　　　　　　　　原告代理人 甲 野 太 郎

　　　　　　　　　　　　被　　告 沢 村 俊 治

　　　　　　　　　　　　被告代理人 乙 野 花 子

　　　　　　　　　手 続 の 要 領 等

受命裁判官

1　　和解続行

2　　次回期日を平成２９年１月１７日午後４時と指定する。

　　　　　　　　　　　　　裁判所書記官　　　　　　D　　　　㊞

和 解 期 日 調 書

事 件 の 表 示　　　平成２８年（ワ）第５７７号

期　　　　　　日　　　平成２９年１月１７日　午後４時

場　　　　　　所　　　〇〇地方裁判所民事第〇部和解室

受 命 裁 判 官　　　　　　　　C

裁 判 所 書 記 官　　　　　　　　D

出 頭 し た 当 事 者 等　　原告代表者　坂 本 新 矢

　　　　　　　　　　　　原告代理人　甲 野 太 郎

　　　　　　　　　　　　被　　告　沢村俊治

　　　　　　　　　　　　被告代理人　乙 野 花 子

　　　　　　　　　手 続 の 要 領 等

受命裁判官

　　和解を打ち切る。

　　　　　　　　　　　　　　　　裁判所書記官　　　　　D　　　　　㊞

第 3 回 口 頭 弁 論 調 書

事 件 の 表 示　　平成２８年（ワ）第５７７号

期　　　　　　日　　平成２９年２月８日　午後１時１０分

場所及び公開の有無　　○○地方裁判所民事第○部法廷で公開

裁 判 長 裁 判 官　　　　　　　Ａ

裁　　判　　官　　　　　　　　Ｂ

裁　　判　　官　　　　　　　　Ｃ

裁 判 所 書 記 官　　　　　　　Ｆ

出 頭 し た 当 事 者 等　　（なし）

　　　　　　　　　弁　論　の　要　領　等

裁判長

　　判決書の原本に基づき判決言渡し

　　　　　　　　　　　　　裁判所書記官　　　　Ｆ　　　　　㊞

収　入
印　紙

訴　状

受　付　印
28. 8.24

平成２８年８月２４日

〇〇地方裁判所民事部　御中

　　　　　原告訴訟代理人弁護士　　　甲　野　太　郎　㊞

〒〇〇〇－〇〇〇〇　埼玉県戸田市荒川４丁目１番１号

　　　　　原　　　　　　　告　　株式会社ゴールドエース

　　　　　上記代表者代表取締役　　坂　本　新　矢

〒〇〇〇－〇〇〇〇　東京都港区天路１丁目１番２号

　　　　　甲野法律事務所（送達場所）

　　　　　上記訴訟代理人弁護士　　　甲　野　太　郎

　　　　　　　　電　話　〇〇－〇〇〇〇－〇〇〇〇

　　　　　　　　ＦＡＸ　〇〇－〇〇〇〇－〇〇〇〇

〒〇〇〇－〇〇〇〇　東京都足立区堀切２丁目２番８号

　　　　　被　　　　　　　告　沢　村　俊　治

保証債務履行請求事件

　訴　訟　物　の　価　額　　　１０００万円

　貼　用　印　紙　額　　　　　〇万円

第1 請求の趣旨

1 被告は，原告に対し，１０００万円及びこれに対する平成２３年９月１日から支払済みまで年６分の割合による金員を支払え

2 訴訟費用は被告の負担とする

との判決並びに仮執行の宣言を求める。

第2 請求の原因

1 原告は，土木工事，建築工事の請負等を業とする株式会社であり，被告及び星野真人（以下「星野」という。）は，有料老人ホームの運営等を業とする株式会社スリーパー（以下「スリーパー」という。）の取締役である。

2(1) 原告は，星野に対し，平成２３年５月２５日，弁済期を同年８月３１日と定めて１０００万円を貸し付けた（以下，この貸付けに係る消費貸借契約を「本件消費貸借契約」という。甲１，甲３の１）。

(2) スリーパーは，本件消費貸借契約に先立ち，星野に対し，本件消費貸借契約に係る代理権を授与した。

3 星野は，平成２３年５月２５日，原告との間で，上記2(1)(2)に基づくスリーパーの貸金返還債務（以下「本件貸金返還債務」という。）を連帯保証する旨の契約を書面で締結した（甲１）。

4 被告は，本件消費貸借契約の契約書の連帯保証人欄に記名された被告名下に押印して，平成２３年５月２６日，それを原告の代表者である坂本新矢（以下「原告代表者」という。）に交付し，原告との間で，本件貸金返還債務を連帯保証する旨を約した（以下「本件連帯保証契約」という。甲１）。

5 スリーパーは，返済期限である平成２３年８月３１日が経過しても一切返済をせず，平成２６年末には運営していた高齢者向けグループホームを他の会社に譲渡して，現在，休眠状態にある。

6 よって，原告は，被告に対し，本件連帯保証契約に基づき，１０００万円及びこれに対する平成２３年９月１日から支払済みまで年６分の割合による金員の

支払を求める。

第3　関連事実

1　スリーパーは，被告が，平成22年7月にグループホーム事業を営むために全額出資して設立した会社であり，被告は，スリーパーの実質的経営者である。本件消費貸借契約は，原告がスリーパーに対し，グループホームの開設・運営資金を貸し付けるためにされたものである。

2　原告代表者は，本件消費貸借契約の後，星野から更にグループホームの事業資金が必要と頼まれたため，原告を貸主として，平成23年9月1日，星野に対し，弁済期を同年12月20日と定めて1000万円を貸し付け（以下，この貸付けに係る消費貸借契約を「別件消費貸借契約」という。甲2，甲3の2），スリーパーは，別件消費貸借契約に先立ち，星野に対し，その代理権を授与した。

　　しかし，原告は，スリーパーの上記貸金返還債務（以下「別件貸金返還債務」という。）についても，一切返済を受けていない。なお，星野は，同年9月1日，別件貸金返還債務についても書面で連帯保証している（甲2）。

3(1)　原告は，平成27年7月17日，星野に対し，本件貸金返還債務及び別件貸金返還債務に係る連帯保証債務の各履行を求める訴訟を提起し，星野が口頭弁論期日に欠席したことから，勝訴判決を得ている（甲4）。

(2)　しかし，被告は，本件連帯保証契約を締結していないなどと主張して，原告の請求に一切応じない旨述べている。そこで，原告は，今回，本訴提起に至ったものである。

証　　拠　　方　　法

1	甲第1号証	金銭消費貸借契約書
2	甲第2号証	金銭消費貸借契約書
3	甲第3号証の1	振込金受取書

4　甲第3号証の2　　　　振込金受取書

5　甲第4号証　　　　　　第2回口頭弁論調書（判決）正本

附　属　書　類

1　訴状副本　　　　　　　　　　　　1通

2　甲第1号証から第4号証までの写し　各2通

3　証拠説明書　　　　　　　　　　　2通

4　資格証明書　　　　　　　　　　　1通

5　訴訟委任状　　　　　　　　　　　1通

平成２８年（ワ）第５７７号　保証債務履行請求事件

原　　　告　　株式会社ゴールドエース

被　　　告　沢　村　俊　治

答　弁　書

平成２８年９月１４日

○○地方裁判所民事第○部　御中

〒○○○－○○○○　東京都千代田区乾４丁目８番１号

乙野法律事務所（送達場所）

被告訴訟代理人弁護士　　乙　野　花　子　㊞

電　話　○○－○○○○－○○○○

ＦＡＸ　○○－○○○○－○○○○

第１　請求の趣旨に対する答弁

１　原告の請求を棄却する

２　訴訟費用は原告の負担とする

との判決を求める。

第２　請求の原因に対する認否

１　請求の原因１の事実は認める。

２　同２⑴⑵の事実は知らない。

３　同３の事実は知らない。

４　同４の事実は否認する。

５　同５の事実のうち，スリーパーが平成２６年末に運営していたグループホー

ムを他の会社に譲渡して，現在休眠状態にあることは認め，その余は知らない。

第3　関連事実に対する認否

1　関連事実1の第1文のうち，被告が平成22年7月にグループホーム事業を営むために全額出資してスリーパーを設立した事実は認め，その限りで被告がスリーパーの経営権を有していることは争わないが，被告が実質的経営者であるとの主張は争う。被告は，スリーパーの実際の経営には携わっていない。

　　同1の第2文の事実は知らない。

2　同2の事実は知らない。

3　同3(1)(2)の事実は認める。

第4　被告の主張

1　被告は，平成22年当時，東京で学習塾等複数の会社を経営していたが，学習塾にグループホームを併設することを考え，埼玉県戸田市でグループホーム事業を始めるため，スリーパーを設立した。もっとも，その頃，被告は学習塾関係の仕事が多忙であったことから，スリーパーの代表取締役には，宮沢信司（以下「宮沢」という。）が就任し，実際の経営は宮沢及び星野に委ねていた。具体的には，宮沢にはグループホームの設立準備と現場運営を，星野には資金調達と経理を委ね，スリーパーの社印や預金通帳は星野が管理していた。

2　被告は，グループホームの開設資金を一部調達したが，残りの資金の調達は星野に任せていた。星野は，独自の判断で資金調達を行っており，被告は，星野から，原告からの借入れを含めて，スリーパーの具体的な資金調達の方法について何ら報告を受けておらず，スリーパーの具体的な資金調達の方法については知らないし，被告が本件貸金返還債務を連帯保証したことはない。

3　甲第1号証の契約書（以下「本件契約書」という。）には，連帯保証人として被告の記名がされ，その名下に「沢村」なる印影が顕出されているが，被告が自ら押印したことも，誰かに押印を依頼したこともない。そもそも，本件契約書に押されている被告名下の印影は，いわゆる三文判によるものであって，被告

の印章によるものではない。誰かが三文判を勝手に用意し，被告に無断で押印したものである。

　よって，本件契約書の被告作成部分は，被告の意思に基づいて作成されたものとはいえない。

附　　属　　書　　類

訴訟委任状　　　　　　　　　　　　　　１通

平成28年（ワ）第577号　保証債務履行請求事件

原　　　告　株式会社ゴールドエース

被　　　告　沢　村　俊　治

第1準備書面

平成28年10月4日

○○地方裁判所民事第○部　御中

原告訴訟代理人弁護士　　　甲　野　太　郎　㊞

第1　答弁書の「第4　被告の主張」に対する認否

1　被告の主張1の事実は認める。

2　同2のうち，被告が星野にグループホームの開設資金の調達を任せていた事実は認め，グループホームの開設資金の一部を被告が調達した事実は知らず，その余の事実は否認する。

3　同3のうち，本件契約書に連帯保証人として被告の記名がされ，その名下に「沢村」なる印影が顕出されている事実，その印影が三文判によるものである事実は認め，その余の事実は否認する。

第2　原告の主張

1　被告は，スリーパーの経営に関し，星野に資金調達を委ねてはいたものの，スリーパーの実質的経営者として行動しており，少なくとも星野から借入れ等についてその都度報告を受け，その資金使途を指示していた。

2　平成23年春頃，星野と被告が原告事務所を訪れ，原告代表者に対し，戸田市でのグループホーム事業への原告による出資を依頼してきたが，原告代表者は，

出資ではなく融資であれば協力する，その際には被告に連帯保証をしてほしい
と答え，被告は，この申出を了承した。

3　平成23年5月25日，星野が原告事務所に持参した契約書には，スリーパ
ーの記名の横にスリーパーの社印が押してあったが，連帯保証人欄には被告の
記名はあるものの押印がされていない状態であった。星野は，「一旦契約書は持
ち帰り，後日，被告がそれに押印して持参する。」と述べたため，原告代表者は，
原告の印を押して，星野に契約書を交付した。

4　そして，本件消費貸借契約締結の翌日である平成23年5月26日に，被告
が原告事務所を訪れ，原告代表者に対し，被告の押印のある本件契約書（甲1）
を交付し，同日，原告代表者は被告から借受証（甲5）も受領した。なお，原告
代表者は，別件消費貸借契約締結の際にも，同様の借受証（甲6）を被告から受
領している。

平成28年（ワ）第577号　保証債務履行請求事件

原　　　告　　株式会社ゴールドエース

被　　告　沢　村　俊　治

準備書面（１）

受　付　印

平成２８年１０月１１日

○○地方裁判所民事第○部　御中

被告訴訟代理人弁護士　　　乙　野　花　子　㊞

第１　原告第１準備書面の「第２　原告の主張」に対する認否

１　原告の主張１のうち，被告が，スリーパーの経営に関し，星野に資金調達を
委ねていた事実は認め，その余は否認する。

２　同２の事実は，平成２３年春頃に星野が原告事務所を訪れ出資を依頼したと
の限りで認め，被告が原告事務所を訪れたこと，被告が原告代表者の申出を了
承したことは否認し，その余は知らない。

３　同３の事実は知らない。

４　同４の事実は否認する。

第２　被告の主張

１　本件契約書（甲１）の作成経過については全く知らない。よって，本件契約書
のスリーパー作成部分の成立が真正なものかについても被告には不明である
が，スリーパー名下の印影がスリーパーの印章によるものであることは特に争
うものではない。

２　スリーパーの現在の代表取締役田沢裕（以下「田沢」という。）によれば，原

告代表者は，平成２６年１月１４日，スリーパーを訪れ，田沢に対して，本件貸金返還債務の履行を求めたが，その際持参した本件消費貸借契約の契約書は，本件契約書とは異なり，被告名下の押印がないものであったとのことである。そして，原告代表者は，翌１５日，田沢に対して，その押印のない契約書等（乙１から乙４）をファクシミリで送信した。

　このことからすると，同月１５日時点で本件消費貸借契約の契約書は，被告名下に押印がない状態であったものである。被告は，平成２５年１０月１１日，刑事事件の被疑者として逮捕され，以後身柄拘束を受け，平成２８年７月に釈放されており，平成２６年１月１５日当時，既に身柄拘束されていたのであるから，被告が同契約書にその意思に基づき押印する機会はなかったといえる。

3　原告が提出した借受証（甲５，６）について，いずれも手書き部分は被告が作成したものである。しかし，本件消費貸借契約や別件消費貸借契約の借受証として被告が作成し，原告代表者に交付したものではない。押印についても，被告がしたものではないし，その印影は被告の印章によるものでもない。本件契約書同様，誰かが甲第１号証と同じ印章を用いて，勝手に押印したものである。

4　原告の主張する別件消費貸借契約は，スリーパーが本件消費貸借契約の弁済期である平成２３年８月３１日に至っても返済をしなかった後に追加で締結されたものであるが，原告代表者は，このときには被告に連帯保証を求めておらず，現に，別件貸金返還債務について，被告の連帯保証はされていない。

平成２８年（ワ）第５７７号　保証債務履行請求事件
原　　　告　　株式会社ゴールドエース
被　　　告　沢　村　俊　治

受　付　印

第２準備書面

平成２８年１１月９日

○○地方裁判所民事第○部　御中

原告訴訟代理人弁護士　　　甲　野　太　郎　㊞

第１　被告準備書面(1)の「第２　被告の主張」に対する認否及び反論

1　被告の主張２のうち，第１段落の事実中，スリーパーの現在の代表取締役が田沢であること，原告代表者は，平成２６年１月１４日，スリーパーを訪れ，田沢に対して，本件貸金返還債務の履行を求めたこと，原告代表者が持参し，ファクシミリで送信した契約書が被告の押印がされる前に取ったコピーであるとの限りで認め，その余の事実は否認する。同第２段落のうち，被告が平成２５年１０月１１日，刑事事件の被疑者として逮捕され，以後身柄拘束を受け，平成２８年７月に釈放されており，平成２６年１月１５日当時，既に身柄拘束されていた事実は認め，その余の事実は否認し，主張は争う。

2　同３のうち，第１文の事実は認め，その余の事実は否認する。

3　同４の事実は認める。

第２　原告の主張

1　平成２３年５月２５日に星野が原告事務所に持参した契約書には，スリーパーの記名の横にスリーパーの社印が押してあったが，連帯保証人欄に被告の記

名はあるものの押印がされていない状態であった。星野は,「一旦契約書は持ち帰り，後日，被告がそれに押印して持参する。」と述べたが，原告代表者は，手元に契約書を残さないことを不安に思い，原告の印を押した後，被告の押印のない状態の上記契約書のコピー（甲7）を取って保管することにした。この上記契約書のコピー（甲7）が，平成26年1月15日にファクシミリで送信した文書の原本である。被告は，本件消費貸借契約締結の翌日である平成23年5月26日に，原告事務所を訪れ，原告代表者に対し，被告の押印のある本件契約書（甲1）を交付したものである。

2　原告代表者が平成26年1月14日に田沢に返済を求めた際に持参したのは，原告代表者が平成23年5月25日に取った契約書のコピー（甲7）であり，原告が被告の押印のない状態の契約書のコピーを所持していることには合理的理由がある。そして，平成26年1月15日に，原告代表者から田沢に対しても，このコピーがファクシミリで送信されたにすぎず，そのことは，本件契約書の成立の真正に何ら疑問を抱かせるものではない。

平成28年（ワ）第577号　保証債務履行請求事件
原　　　　告　　株式会社ゴールドエース
被　　　告　沢　村　俊　治

準備書面（2）

平成28年11月16日

○○地方裁判所民事第○部　御中

　　　　　　　　被告訴訟代理人弁護士　　　乙　野　花　子　㊞

原告第2準備書面の「第2　原告の主張」に対する認否

1　原告の主張1のうち，第1文から第3文の事実は知らず，第4文の事実は否
　認する。

2　同2の事実は知らず，主張は争う。

第 2 分 類

第３号様式（書証目録）

（ 甲 号証）	書　証　目　録 （ 原　告 提出分）					
	（この目録は，各期日の調書と一体となるものである。 ）					

番号	提　　　　出		陳　　　　述			備　　考
	期　日	標　目　等	期　日	成　立	成立の争いについての主張	
1	第　１　回 ☑弁　　論 □準備的弁論 □弁論準備	金銭消費貸借契約書 （平成２３年５月２５日付け）	第　１　回 ☑弁　　論 □準備的弁論 □弁論準備	一部 否	被告作成部分 否 同部分は，誰かが偽造した。	
2	第　１　回 ☑弁　　論 □準備的弁論 □弁論準備	金銭消費貸借契約書 （平成２３年９月１日付け）	第　　　回 □弁　　論 □準備的弁論 □弁論準備			
3の1，2	第　１　回 ☑弁　　論 □準備的弁論 □弁論準備	振込金受取書	第　　　回 □弁　　論 □準備的弁論 □弁論準備			
4	第　１　回 ☑弁　　論 □準備的弁論 □弁論準備	第２回口頭弁論調書（判決）正本	第　　　回 □弁　　論 □準備的弁論 □弁論準備			
5	第　１　回 □弁　　論 □準備的弁論 ☑弁論準備	借受証 （平成２３年５月２５日付け）	第　１　回 □弁　　論 □準備的弁論 ☑弁論準備	否	署名及び手書き部分　認 名下の印影は誰かが「沢村」名義の三文判を勝手に用意し，押印した。	

（注）　該当する事項の□にレを付する。

第３号様式（書証目録）

（　甲　号証）			書　証　目　録（　原　告　提出分）				
			（この目録は，各期日の調書と一体となるものである。）				
番号	提　　　出		陳　　　述				備　　　考
	期　日	標　目　等	期　日	成　立	成立の争いについての主張		
6	第　１　回 □弁　　論 □準備的弁論 ☑弁論準備	借受証 （平成２３年９月１日付け）	第　１　回 □弁　　論 □準備的弁論 ☑弁論準備	否	署名及び手書き部分　認 名下の印影は誰かが「沢村」名義の三文判を勝手に用意し，押印した。		
7	第　２　回 □弁　　論 □準備的弁論 ☑弁論準備	金銭消費貸借契約書写し （平成２３年５月２５日付け）	第　　　回 □弁　　論 □準備的弁論 □弁論準備				
8	第　２　回 □弁　　論 □準備的弁論 ☑弁論準備	金銭消費貸借契約書 （平成２３年５月２５日付け，星野真人所持分）	第　２　回 □弁　　論 □準備的弁論 ☑弁論準備	一部　否	被告作成部分　否 同部分は，誰かが偽造した。		
9	第　２　回 □弁　　論 □準備的弁論 ☑弁論準備	総合口座通帳（抜粋）（写し）	第　　　回 □弁　　論 □準備的弁論 □弁論準備				
10	第　２　回 □弁　　論 □準備的弁論 ☑弁論準備	電子メール文書	第　　　回 □弁　　論 □準備的弁論 □弁論準備				

（注）　該当する事項の□にレを付する。

第３号様式（書証目録）

（甲号証）	書　証　目　録（　原　告　提出分）					
	（この目録は，各期日の調書と一体となるものである。）					
番号	提　　　　出		陳　　　　　述			備　考
	期　日	標　目　等	期　日	成立	成立の争いについての主張	
11	第　２　回 □弁　　論 □準備的弁論 ☑弁論準備	陳述書 （星野真人分）	第　　回 □弁　　論 □準備的弁論 □弁論準備			
12	第　２　回 □弁　　論 □準備的弁論 ☑弁論準備	陳述書 （原告代表者分）	第　　回 □弁　　論 □準備的弁論 □弁論準備			
	第　　回 □弁　　論 □準備的弁論 □弁論準備		第　　回 □弁　　論 □準備的弁論 □弁論準備			
	第　　回 □弁　　論 □準備的弁論 □弁論準備		第　　回 □弁　　論 □準備的弁論 □弁論準備			
	第　　回 □弁　　論 □準備的弁論 □弁論準備		第　　回 □弁　　論 □準備的弁論 □弁論準備			

（注）　該当する事項の□にレを付する。

第３号様式（書証目録）

番号	提出		陳述			備考
	期日	標目等	期日	成立	成立の争いについての主張	
1	第 1 回 □弁論 □準備的弁論 ☑弁論準備	ファクシミリ文書 （平成２３年５月２５日付け金銭消費貸借契約書）	第　回 □弁論 □準備的弁論 □弁論準備			
2	第 1 回 □弁論 □準備的弁論 ☑弁論準備	ファクシミリ文書 （平成２３年９月１日付け金銭消費貸借契約書）	第　回 □弁論 □準備的弁論 □弁論準備			
3	第 1 回 □弁論 □準備的弁論 ☑弁論準備	ファクシミリ文書 （印鑑証明書）	第　回 □弁論 □準備的弁論 □弁論準備			
4	第 1 回 □弁論 □準備的弁論 ☑弁論準備	ファクシミリ文書 （印鑑登録証明書）	第　回 □弁論 □準備的弁論 □弁論準備			
5	第 2 回 □弁論 □準備的弁論 ☑弁論準備	陳述書 （田沢裕分）	第　回 □弁論 □準備的弁論 □弁論準備			

（乙号証）　書証目録（被告提出分）
（この目録は，各期日の調書と一体となるものである。）

（注）　該当する事項の□にレを付する。

第3号様式（書証目録）

	提　　　　出		陳　　　　述			備　　　考
番号	期　　日	標　目　等	期　　日	成　立	成立の争いについての主張	
6	第　2　回 □弁　　論 □準備的弁論 ☑弁論準備	陳述書 （被告分）	第　　回 □弁　　論 □準備的弁論 □弁論準備			
	第　　回 □弁　　論 □準備的弁論 □弁論準備		第　　回 □弁　　論 □準備的弁論 □弁論準備			
	第　　回 □弁　　論 □準備的弁論 □弁論準備		第　　回 □弁　　論 □準備的弁論 □弁論準備			
	第　　回 □弁　　論 □準備的弁論 □弁論準備		第　　回 □弁　　論 □準備的弁論 □弁論準備			
	第　　回 □弁　　論 □準備的弁論 □弁論準備		第　　回 □弁　　論 □準備的弁論 □弁論準備			

（　乙　号証）　　　書　証　目　録（　　被　　　告　　提出分）
（この目録は，各期日の調書と一体となるものである。）

（注）　該当する事項の□にレを付する。

第４号様式（証人等目録）

証 人 等 目 録 （ 　原 　告 　申出分）

（この目録は，期日に行われた事項については，各期日の調書と一体となるものである。）

申　　　出		採否の裁判		証拠調べの施行			調書の作成に関する許可等	備　　考
期　日　等	証拠方法の表示等	期　日　等	採否の別	指定期日 年月日	時	実施		
第　　回 □弁　　論 □準備的弁論 □弁論準備 28・11・9	証人　星野真人	第　2　回 □弁　　論 □準備的弁論 ☑弁論準備 ・　・	採・否	28.12.21 同　行	1.30	☑ □ □	□調書省略 □調書記載 に代わる 録音テープ等	
第　　回 □弁　　論 □準備的弁論 □弁論準備 28・11・9	原告代表者	第　2　回 □弁　　論 □準備的弁論 ☑弁論準備 ・　・	採・否	28.12.21 同　行	1.30	☑ □ □	□調書省略 □調書記載 に代わる 録音テープ等	
第　　回 □弁　　論 □準備的弁論 □弁論準備 ・　・		第　　回 □弁　　論 □準備的弁論 □弁論準備 ・　・	採・否			□ □ □	□調書省略 □調書記載 に代わる 録音テープ等	
第　　回 □弁　　論 □準備的弁論 □弁論準備 ・　・		第　　回 □弁　　論 □準備的弁論 □弁論準備 ・　・	採・否			□ □ □	□調書省略 □調書記載 に代わる 録音テープ等	
第　　回 □弁　　論 □準備的弁論 □弁論準備 ・　・		第　　回 □弁　　論 □準備的弁論 □弁論準備 ・　・	採・否			□ □ □	□調書省略 □調書記載 に代わる 録音テープ等	

（注）　該当する事項の□にレを付する。

第４号様式（証人等目録）

証 人 等 目 録 （ 被 告 申出分）							
（この目録は，期日に行われた事項については，各期日の調書と一体となるものである。）							
申　　出		採 否 の 裁 判		証拠調べの施行		調書の作成に関する許可等	備　　考
期　日　等	証拠方法の表示等	期　日　等	採否の別	指定期日 年月日	実施 時		
第　　回 □弁　　論 □準備的弁論 □弁論準備 28・11・16	証人　田沢　裕	第　２　回 □弁　　論 □準備的弁論 ☑弁論準備 ・　・	㊤採 ・ 否	28.12.21 同　行	1.30 ☑ □ □	□ 調書省略 □ 調書記載 に代わる 録音テー プ等	
第　　回 □弁　　論 □準備的弁論 □弁論準備 28・11・16	被告本人	第　２　回 □弁　　論 □準備的弁論 ☑弁論準備 ・　・	㊤採 ・ 否	28.12.21 同　行	1.30 ☑ □ □	□ 調書省略 □ 調書記載 に代わる 録音テー プ等	
第　　回 □弁　　論 □準備的弁論 □弁論準備 ・　・		第　　回 □弁　　論 □準備的弁論 □弁論準備 ・　・	採 ・ 否		□ □ □	□ 調書省略 □ 調書記載 に代わる 録音テー プ等	
第　　回 □弁　　論 □準備的弁論 □弁論準備 ・　・		第　　回 □弁　　論 □準備的弁論 □弁論準備 ・　・	採 ・ 否		□ □ □	□ 調書省略 □ 調書記載 に代わる 録音テー プ等	
第　　回 □弁　　論 □準備的弁論 □弁論準備 ・　・		第　　回 □弁　　論 □準備的弁論 □弁論準備 ・　・	採 ・ 否		□ □ □	□ 調書省略 □ 調書記載 に代わる 録音テー プ等	

（注）　該当する事項の□にレを付する。

原　　　告　　株式会社ゴールドエース

被　　　告　　沢村俊治

受付印

証　拠　説　明　書

平成２８年８月２４日

○○地方裁判所民事部　御中

原告訴訟代理人弁護士　　　甲　野　太　郎　㊞

号証	標　目 （原本・写しの別）		作　成 年月日	作　成　者	立　証　趣　旨
甲１	金銭消費貸借契約書	原本	平成23年5月25日	原告, 株式会社スリーパー, 星野真人, 被告	原告とスリーパーが平成23年5月25日に1000万円の金銭消費貸借契約を締結し, 星野と被告がこれを保証した事実
甲２	金銭消費貸借契約書	原本	平成23年9月1日	原告, 株式会社スリーパー, 星野真人	原告とスリーパーが平成23年9月1日に1000万円の金銭消費貸借契約を締結し, 星野がこれを保証した事実
甲３の1	振込金受取書	原本	平成23年5月25日	原告, 株式会社吉行銀行荒川支店	原告が平成23年5月25日, スリーパーの口座に1000万円を振り込んだ事実
甲３の2	振込金受取書	原本	平成23年9月1日	原告, 株式会社吉行銀行荒川支店	原告が平成23年9月1日, スリーパーの口座に1000万円を振り込んだ事実
甲４	第２回口頭弁論調書（判決）正本	原本	平成27年8月28日	裁判所書記官H	原告が星野に2000万円の保証債務履行請求権を有する事実

平成２８年（ワ）第５７７号　保証債務履行請求事件

原　　　　告　　株式会社ゴールドエース

被　　　　告　沢村俊治

証　拠　説　明　書

受　付　印

平成２８年１０月４日

○○地方裁判所民事第○部　御中

原告訴訟代理人弁護士　　甲　野　太　郎　㊞

号証	標　目 （原本・写しの別）		作　成 年　月　日	作成者	立　証　趣　旨
甲５	借受証	原本	平成23年 5月25日	被告	被告が，原告に対し，スリーパーが原告から本件消費貸借契約により1000万円を借り受けた旨の平成23年5月25日付け書面を差し入れたこと
甲６	借受証	原本	平成23年 9月1日	被告	被告が，原告に対し，スリーパーが原告から別件消費貸借契約により1000万円を借り受けた旨の平成23年9月1日付け書面を差し入れたこと

平成２８年（ワ）第５７７号　保証債務履行請求事件

原　　　　告　　株式会社ゴールドエース

被　　　　告　　沢　村　俊　治

証　拠　説　明　書

受　付　印

平成２８年１１月９日

○○地方裁判所民事第○部　御中

原告訴訟代理人弁護士　　甲　野　太　郎　㊞

号証	標　目 （原本・写しの別）		作　成 年 月 日	作 成 者	立 証 趣 旨
甲７	金銭消費貸借契約書写し	原本	平成23年5月25日	原告, 株式会社スリーパー, 星野真人	原告が平成23年5月25日に本件契約書のコピーを取り, それには被告の押印がないこと
甲８	金銭消費貸借契約書（星野真人所持分）	原本	平成23年5月25日	原告, 株式会社スリーパー, 星野真人, 被告	被告が平成23年5月25日の後, 星野に契約書を渡し, それには被告の押印がされていること
甲９	預金通帳（抜粋）	写し	平成23年	株式会社名取銀行戸田支店	被告が平成23年5月26日原告からの借入金1000万円のうち300万円を引き出したこと
甲10	電子メール文書	原本	平成23年5月25日	星野真人, 山田順子	星野が平成23年5月25日被告に原告からの1000万円の借入れについて報告し, 被告が300万円を自ら使うとの使途を指示したこと
甲11	陳述書	原本	平成28年11月2日	星野真人	本件主張事実全般
甲12	陳述書	原本	平成28年11月2日	原告代表者坂本新矢	本件主張事実全般

平成28年（ワ）第577号　保証債務履行請求事件

原　　　告　　株式会社ゴールドエース

被　　　告　　沢　村　俊　治

証　拠　説　明　書

受　付　印

平成28年10月11日

○○地方裁判所民事第○部　御中

被告訴訟代理人弁護士　　　乙　野　花　子　㊞

号証	標　目 （原本・写しの別）		作　成 年　月　日	作　成　者	立　証　趣　旨
乙1	ファクシミリ文書（平成23年5月25日付け金銭消費貸借契約書）	原本	平成26年1月15日	原告	原告が平成26年1月15日にスリーパーに乙1（被告の押印がない平成23年5月25日付け金銭消費貸借契約書）をファクシミリで送信してきたこと
乙2	ファクシミリ文書（平成23年9月1日付け金銭消費貸借契約書）	原本	平成26年1月15日	原告	原告が平成26年1月15日にスリーパーに乙1と共に乙2から乙4をファクシミリで送信してきたこと
乙3	ファクシミリ文書（印鑑証明書）	原本	平成26年1月15日	原告	同上
乙4	ファクシミリ文書（印鑑登録証明書）	原本	平成26年1月15日	原告	同上

平成２８年（ワ）第５７７号　保証債務履行請求事件

原　　　告　　株式会社ゴールドエース

被　　　告　　沢　村　俊　治

証　拠　説　明　書

受　付　印

平成２８年１１月１６日

○○地方裁判所民事第○部　御中

被告訴訟代理人弁護士　　　乙　野　花　子　㊞

号証	標　　目 （原本・写しの別）		作　成 年　月　日	作　成　者	立　証　趣　旨
乙５	陳述書	原本	平成28年 11月7日	田沢裕	本件主張事実全般
乙６	陳述書	原本	平成28年 11月7日	被告	本件主張事実全般

平成２８年（ワ）第５７７号　保証債務履行請求事件

金銭消費貸借契約書

　債権者株式会社ゴールドエース（以下「甲」という）と債務者株式会社スリーパー（以下「乙」という）は，金銭消費貸借について次のとおり契約を締結した。

第１条（消費貸借の成立）
　　甲は，乙に対し，本日，金壱千万円を貸し渡し，乙はこれを借り受けた。

第２条（弁済期）
　　乙は，甲に対して，平成２３年８月３１日に一括で返済する。

第３条（利息）
　　第１条の貸金の利息及び支払方法については，甲乙協議の上，別途定めるものとする。

第４条（公正証書の作成）
　　乙は，本件金銭消費貸借契約書を強制執行認諾文言付の公正証書とすることを承諾する。

第５条（保証）
　　保証人は，乙がこの契約によって負担する一切の債務について，乙と連帯して保証債務を負うものとする。

（特約事項）
乙が甲から借り受けた金銭は，グループホームの資金に充てるものとする。

　以上契約の証として，本書２通を作成し，それぞれ各１通を甲と乙が保有する。

平成　*２３*　年　　*５*　月　*２５*　日

　　　　　　　　　　　甲　埼玉県戸田市荒川４－１－１
　　　　　　　　　　　　　株式会社ゴールドエース
　　　　　　　　　　　　　代表取締役　坂　本　新　矢　

　　　　　　　　　　　乙　埼玉県戸田市左右田２－２－２
　　　　　　　　　　　　　株式会社スリーパー
　　　　　　　　　　　　　代表取締役　宮　沢　信　司　

　　　　　　　　連帯保証人　埼玉県戸田市近藤７－１－９
　　　　　　　　　　　　　　星　野　真　人　

　　　　　　　　連帯保証人　東京都足立区堀切２－２－８
　　　　　　　　　　　　　　沢　村　俊　治

金銭消費貸借契約書

　債権者株式会社ゴールドエース（以下「甲」という）と債務者株式会社スリーパー（以下「乙」という）は，金銭消費貸借について次のとおり契約を締結した。

第１条（消費貸借の成立）
　　甲は，乙に対し，本日，金壱千万円を貸し渡し，乙はこれを借り受けた。

第２条（弁済期）
　　乙は，甲に対して，平成２３年１２月２０日に一括で返済する。

第３条（利息）
　　第１条の貸金の利息及び支払方法については，甲乙協議の上，別途定めるものとする。

第４条（公正証書の作成）
　　乙は，本件金銭消費貸借契約書を強制執行認諾文言付の公正証書とすることを承諾する。

第５条（保証）
　　保証人は，乙がこの契約によって負担する一切の債務について，乙と連帯して保証債務を負うものとする。

　以上契約の証として，本書２通を作成し，それぞれ各１通を甲と乙が保有する。

平成　２３　年　　９　月　　１　日

　　　　　　　　　　　甲　埼玉県戸田市荒川４－１－１
　　　　　　　　　　　　　株式会社ゴールドエース
　　　　　　　　　　　　　代表取締役　坂　本　新　矢　

　　　　　　　　　　　乙　埼玉県戸田市左右田２－２－２
　　　　　　　　　　　　　株式会社スリーパー
　　　　　　　　　　　　　代表取締役　宮　沢　信　司　

　　　　　　　　連帯保証人　埼玉県戸田市近藤７－１－９
　　　　　　　　　　　　　　星　野　真　人

振込金受取書
（兼手数料受取書）

お手続日	*23*年 *5*月*25*日		お振込方法	~~吉行銀行~~ 本支店宛	他 行 宛 電 信 扱

お振込先	フリガナ *ナトリ* はじめから五文字ご記入ください。	フリガナ *トダ* はじめから五文字ご記入ください。	預金種目 *1* { 1.普通 4.貯蓄 2.当座 9.その他 （　　）
	名取 銀行	*戸田* 支店	口座番号 *1234567*

お受取人	フリガナ *カ）スリーパー* （株）スリーパー 様	金額	拾億 億 千万 百万 拾万 万 千 百 拾 円 ￥*10000000*

ご依頼人	おなまえ	フリガナ *カ）ゴールドエース* （株）ゴールドエース 様
	おところ	*埼玉県戸田市荒川4－1－1* （ご連絡先お電話）　（*000*）*000*－*0000*

出納印
23. 5.25
吉行銀行
荒川支店

消費税込手数料額		
8	4	0

吉行銀行　荒川支店

振込金受取書
（兼手数料受取書）

お手続日	**23年 9月 1日**					お振込方法	吉行銀行 本支店宛	他 行 宛 電 信 扱

お振込先	フリガナ **ナ ト リ**	はじめから五文字ご記入ください。	フリガナ **ト ダ**	はじめから五文字ご記入ください。	預金種目 **1** { 1.普通 4.貯蓄 2.当座 9.その他 （ ）

名取 銀行　**戸田** 支店

口座番号 **1 2 3 4 5 6 7**

お受取人	フリガナ　カ）スリーパー **（株）スリーパー** 様	金額	拾億 億 千万 百万 拾万 万 千 百 拾 円　**￥10000000**

ご依頼人	おなまえ	フリガナ　カ）ゴールドエース **（株）ゴールドエース** 様
	おところ	**埼玉県戸田市荒川4－1－1**　（ご連絡先お電話）　（○○○）○○○－○○○○

出納印
23. 9. 1
吉行銀行
荒川支店

消費税込手数料額
8 4 0

吉行銀行　荒川支店

裁判官認印

第 ２ 回 口 頭 弁 論 調 書（判決）

事 件 の 表 示　　　　　平成２７年（ワ）第３０４号

期　　　　　　　　日　　　　　平成２７年８月２８日午後１時１０分

場所及び公開の有無　　　　　○○地方裁判所民事第○部法廷で公開

裁　　判　　官　　　　　　　　　　　G

裁 判 所 書 記 官　　　　　　　　　　H

出 頭 し た 当 事 者 等　　　　（なし）

指　定　期　日

　　　　　　　　　　弁　論　の　要　領　等

裁判官

　　　別紙の主文及び理由の要旨を告げて判決言渡し

　　　　　　　　　　　　　　　　裁判所書記官　　　　　H

（別　紙）

口頭弁論終結の日　平成２７年８月２１日

第１　当事者の表示

　　　埼玉県戸田市荒川４丁目１番１号

　　　　　　原　　　　　告　　　　株式会社ゴールドエース

　　　　　　同代表者代表取締役　　　坂　本　新　矢

　　　　　　同訴訟代理人弁護士　　　甲　野　太　郎

　　　埼玉県戸田市近藤７丁目１番９号

　　　　　　被　　　　　告　　　　星　野　真　人

第２　主　　　　文

　１　被告は，原告に対し，２０００万円並びにうち１０００万円に対する平成
　　　２３年９月１日から支払済みまで年６分の割合による金員及びうち１０００
　　　万円に対する平成２３年１２月２１日から支払済みまで年６分の割合による
　　　金員を支払え。

　２　訴訟費用は被告の負担とする。

　３　この判決は仮に執行することができる。

第３　請　　　　求

　１　請求の趣旨

　　　主文と同旨

　２　請求の原因

　⑴　原告は，株式会社スリーパーに対し，平成２３年５月２５日，弁済期を
　　　同年８月３１日と定めて１０００万円を貸し付けた。

　⑵　被告は，原告との間で，平成２３年５月２５日，⑴の貸金債務について
　　　保証する旨合意した。

　⑶　被告の⑵の意思表示は書面による。

　⑷　平成２３年８月３１日は経過した。

(5) 原告は，株式会社スリーパーに対し，平成２３年９月１日，弁済期を同年１２月２０日と定めて１０００万円を貸し付けた。

(6) 被告は，原告との間で，平成２３年９月１日，(5)の貸金債務について，保証する旨合意した。

(7) 被告の(6)の意思表示は書面による。

(8) 平成２３年１２月２０日は経過した。

(9) よって，原告は，被告に対し，上記各保証契約に基づき，２０００万円並びにうち１０００万円に対する平成２３年９月１日から支払済みまで年６分の割合による金員及びうち１０００万円に対する同年１２月２１日から支払済みまで年６分の割合による金員の支払を求める。

第４ 理由の要旨

被告は，本件口頭弁論期日に出頭せず，答弁書その他の準備書面を提出しない。したがって，被告において請求原因事実を争うことを明らかにしないものとして，これを自白したものとみなす。

以 上

これは正本である。

　　　平成２７年８月２８日

　　　　○○地方裁判所民事第○部

　　　　裁判所書記官　　Ｈ　　　印

株式会社ゴールドエース　坂本様

確かに金1，000万円をお借り致しました。

H23.5.25
　　スリーパー　沢村　㊞

坂本社長様

確かに金1，000万円を本日お借り致しました。

H23．9．1

スリーパー　沢村　㊞

金銭消費貸借契約書

　債権者株式会社ゴールドエース（以下「甲」という）と債務者株式会社スリーパー（以下「乙」という）は，金銭消費貸借について次のとおり契約を締結した。

第1条（消費貸借の成立）
　　甲は，乙に対し，本日，金壱千万円を貸し渡し，乙はこれを借り受けた。

第2条（弁済期）
　　乙は，甲に対して，平成23年8月31日に一括で返済する。

第3条（利息）
　　第1条の貸金の利息及び支払方法については，甲乙協議の上，別途定めるものとする。

第4条（公正証書の作成）
　　乙は，本件金銭消費貸借契約書を強制執行認諾文言付の公正証書とすることを承諾する。

第5条（保証）
　　保証人は，乙がこの契約によって負担する一切の債務について，乙と連帯して保証債務を負うものとする。

（特約事項）
乙が甲から借り受けた金銭は，グループホームの資金に充てるものとする。

　以上契約の証として，本書2通を作成し，それぞれ各1通を甲と乙が保有する。

平成 *23* 年 　*5* 月 *25* 日

　　　　　　　　甲　埼玉県戸田市荒川4－1－1
　　　　　　　　　　株式会社ゴールドエース
　　　　　　　　　　代表取締役　坂　本　新　矢　

　　　　　　　　乙　埼玉県戸田市左右田2－2－2
　　　　　　　　　　株式会社スリーパー
　　　　　　　　　　代表取締役　宮　沢　信　司　

　　　　　連帯保証人　埼玉県戸田市近藤7－1－9
　　　　　　　　　　　星　野　真　人　

　　　　　連帯保証人　東京都足立区堀切2－2－8
　　　　　　　　　　　沢　村　俊　治

金銭消費貸借契約書

　債権者株式会社ゴールドエース（以下「甲」という）と債務者株式会社スリーパー（以下「乙」という）は，金銭消費貸借について次のとおり契約を締結した。

第1条（消費貸借の成立）
　　甲は，乙に対し，本日，金壱千万円を貸し渡し，乙はこれを借り受けた。

第2条（弁済期）
　　乙は，甲に対して，平成23年8月31日に一括で返済する。

第3条（利息）
　　第1条の貸金の利息及び支払方法については，甲乙協議の上，別途定めるものとする。

第4条（公正証書の作成）
　　乙は，本件金銭消費貸借契約書を強制執行認諾文言付の公正証書とすることを承諾する。

第5条（保証）
　　保証人は，乙がこの契約によって負担する一切の債務について，乙と連帯して保証債務を負うものとする。

（特約事項）
乙が甲から借り受けた金銭は，グループホームの資金に充てるものとする。

　以上契約の証として，本書2通を作成し，それぞれ各1通を甲と乙が保有する。

平成 *23* 年 *5* 月 *25* 日

　　　　　　　　　　　甲　埼玉県戸田市荒川4－1－1
　　　　　　　　　　　　　株式会社ゴールドエース
　　　　　　　　　　　　　代表取締役　坂　本　新　矢　

　　　　　　　　　　　乙　埼玉県戸田市左右田2－2－2
　　　　　　　　　　　　　株式会社スリーパー
　　　　　　　　　　　　　代表取締役　宮　沢　信　司　

　　　　　　　連帯保証人　埼玉県戸田市近藤7－1－9
　　　　　　　　　　　　　星　野　真　人　

　　　　　　　連帯保証人　東京都足立区堀切2－2－8
　　　　　　　　　　　　　沢　村　俊　治

店　番　　　口座番号
○○○　　　1 2 3 4 5 6 7

総合口座通帳　　　　　株式会社スリーパー　　　様

名　取　銀　行

普 通 預 金（兼お借入明細）   2

年 月 日	摘 要	お支払金額		お預り金額	差 引 残 高
1 23-05-25	振込	カ)ゴールドエース		*10,000,000	*10,316,050
2 23-05-26	振込	*7,000,000	ユ)ウエトコウムテン		*3,316,050
3 23-05-26	手数料	*420			*3,315,630
4 23-05-26	現金	*3,000,000			*315,630
			（記載省略）		
13 23-09-01	振込	カ)ゴールドエース		*10,000,000	*10,245,328
			（記載省略）		

● お振込人名などカナ表記する場合，一部省略または略記させていただくことがあります。

● 日付の頭部に※印のある取引は仮記帳ですので後日再記帳させていただきます。

星野　真人

差出人：	山田順子　［○○○○＠○○○○］
送信日時：	２０１１年５月２５日水曜日　18:14
宛先：	’星野　真人’
件名：	ＲＥ：社長への連絡

　星野さん　社長からの指示をお伝えします。
　３００万については，社長の方で使わせてほしいとのことです。社長が明日２６日中には星野さんの自宅に現金を取りに行くので，用意しておいてほしいと言っています。
　よろしくお願いします。

　　株式会社ワコウ　山田

-----Original　Message-----
From：　星野　真人　［○○○○＠○○○○］
Sent：　Wednesday, May 25, 2011　4:25　PM
To：　山田順子
Subject：　社長への連絡

　相変わらず，沢村社長はお忙しそうですね。
　携帯がつながらないので，社長に伝えてください。
　１０００万円の借入れができました。そのうち７００万円はグループホームのリフォーム工事代金の支払に使わせてください。残りの３００万円はどうすればよいでしょう。ご指示ください。
　　　　　　　　　　　　　　　　　　　　　　　　　星野

陳 述 書

平成２８年１１月２日

埼玉県戸田市近藤７－１－９

星 野 真 人 ㊞

1　私は，平成１５年頃，都内の会計事務所に勤務していましたが，私が経理を担当していた会社の経理部門の社員の紹介で，原告代表者の坂本社長と知り合いました。坂本社長は，原告を設立したばかりで，経理を担当する事務所を探していたようで，直後に，坂本社長から頼まれて原告の経理を見るようになりました。

2　被告とは平成２０年頃に，以前から関わっていたボランティア活動で一緒になったことで知り合い，その後，一緒に塾の事業をやろうということになり，被告が行う事業に参加することになりました。

3　坂本社長は，知り合った頃から常々「何か面白い事業はないか」と話しており，平成２１年３月に，学習塾などの事業をしている人物として被告を紹介しました。その後，坂本社長は，被告に対して，社長個人や原告の形で，飲食店や学習塾の事業に出資や融資をするようになりました。

4　平成２２年頃，被告がグループホームを開設し，運営することになり，被告はその会社としてスリーパーを設立しました。設立に当たっては，宮沢信司が代表者となり，私が資金調達と経理を担当することになりました。私は，スリーパーの印鑑と預金通帳を預かり，銀行や知人などに出資や融資をお願いしに回りました。

5　坂本社長のところには，平成２３年の春頃，被告と一緒に原告の事務所に資金提供のお願いに行きました。被告と私は，グループホームの開設資金として出資をお願いしたのですが，坂本社長からは融資であれば協力するとの

話がありました。坂本社長からは被告や私が連帯保証することが条件として示され，被告も了承していました。

6　そのように話がまとまったので，平成２３年５月に，私が契約書を２通用意して坂本社長に融資のお願いに行きました。契約書にはあらかじめ連帯保証人として被告と私の氏名を記入し，スリーパーの社印は押しておき，それを示しながら説明をしたところ，坂本社長は快諾して下さり，契約書に原告の印を押してくれました。その時点では被告の押印はなかったので，坂本社長には契約書のコピーを取ってもらい，いったん私が契約書を持ち帰りました。持ち帰った後，その契約書は被告に渡しました。

7　その先，坂本社長と被告がどのようなやり取りをしたかは知りませんが，後日，被告から押印のある契約書（甲８）を受け取りました。

8　原告から融資を受けられたことは，その日のうちに社員の山田を通じてメールで被告に伝えてあります。原告からは，その日のうちに１０００万円が振り込まれており（甲９），被告からは，山田を通じて，１０００万円の使途についての指示をメールでもらっています（甲１０）。

9　その後，この１０００万円については返済ができず，坂本社長には，平成２３年の９月にもう１０００万円融資のお願いをしています。このときも同じようにあらかじめスリーパーと私の記名と押印をした契約書を坂本社長に渡し，社印をもらっています。

10　私は，平成２５年９月頃，被告から，金を使い込んでいると言い掛かりを付けられて，スリーパーの経営を離れています。役員になっているのは登記上だけのことです。その後，被告が平成２５年１０月に詐欺罪で逮捕されてしまったこともあり，スリーパーはグループホームを売却し，実質的には休眠状態となったようです。ちょうどその頃，坂本社長からも，「おまえにはだまされた」と言われ，原告についても関わらないことになりました。

11　私は，平成２７年７月に原告から訴えられ，連帯保証債務の履行を求めら

れましたが，上記の経過で私が保証債務を負うことは間違いありませんので，
裁判には行かず，敗訴の判決を受けております。

以　上

陳　述　書

平成２８年１１月２日

埼玉県戸田市荒川４－１－１

坂　本　新　矢　㊞

1　私は，原告の代表取締役です。原告は，戸田市で建築請負業を営んでいます。

2　私は，平成１５年１１月に原告を設立した頃，知人の紹介で星野と知り合い，それ以来，平成２５年まで，星野に原告の税務処理や経理業務を任せていました。被告の沢村とは，平成２１年３月頃，星野の紹介で知り合いました。星野によれば，被告は，東京で学習塾等複数の会社を経営している信頼できる人物とのことで，私にも被告の事業に出資をしてほしいと依頼されました。

　私は，星野の紹介ということもあって，被告に資金援助をすることとし，平成２１年８月，まずは，原告から，被告が経営する株式会社アサユキという会社に６０００万円を融資しました。このときは，被告が保証してくれました。アサユキは上場を目指しているとのことで，返済は，最終返済期限を１年後とする１２回の分割払で，最終回に利息１８０万円の支払とその株式３０株の譲渡をしてもらうとの約定でしたが，実際に約定どおりの返済を受けました。これで私はすっかり被告を信頼し，平成２２年には，被告の誘いで東京に飲食店を出店する事業に出資することとし，私個人で６５００万円を出資しました。このほかにも，原告は被告が経営する学習塾等にも資金援助していました。

3　平成２３年春頃，星野と被告が原告事務所を訪れ，戸田市でグループホーム事業をすることになったとして，出資を依頼してきました。私は，被告に

は既に多額の出資をしていることもあり，出資ではなく融資であれば協力する，その際にはまた被告に保証してほしいと答えました。被告は，私のこの申出を了承してくれました。被告は，グループホーム事業を星野と地元の宮沢信司さんにやらせるつもりのようでした。

同年５月２５日，星野が一人で原告事務所を訪れ，被告がグループホーム事業のために設立したスリーパーという会社に１０００万円を融資してくれと申し込んできました。グループホームの開設・運営資金として必要だとのことで，返済は同年８月３１日一括払い，星野と被告が連帯保証するとの約定で私は貸付けを了承しました。既に星野は契約書を作成してきており，スリーパーの社印と連帯保証人欄の星野の印鑑は押されていましたが，被告については記名が印字されているだけで印鑑は押されていませんでした。星野の話では，契約書は持ち帰り，後日，被告が押印をして私に届けるとのことでしたので，私は被告が連帯保証してくれるものと信じて，契約書に原告印を押し，コピーを取って原本は星野に渡し，その日のうちに１０００万円をスリーパーの口座に振り込みました（甲３の１）。そして，その翌日，被告が原告事務所を訪れ，本件契約書と１０００万円を借り受けた旨の記載と被告名義の押印のある借受証（甲５）を私に交付しました。本件契約書には，被告の記名の右に借受証と同じ印鑑が押されていました。

しかし，弁済期が来ても，本件貸金返還債務の返済はありませんでした。それどころか，同年９月１日には，被告と星野が来て，グループホームの事業資金として１０００万円の追加融資を依頼されました。私は，グループホーム事業が頓挫して，本件貸金返還債務の返済がされなくなると困ると考え，弁済期を同年１２月２０日として追加融資に応じ，星野が用意してきた契約書（甲２）に原告印を押しました。このときも，星野が連帯保証してくれました。また，被告はこのときも前回と同様の借受証（甲６）を持参しており，私に交付しました。１０００万円は本件消費貸借契約のときと同様，その日

にスリーパーに振り込みました（甲３の２）。

4　私は，このスリーパーに対する貸付けの返済については，実質的経営者である被告に度々催促していましたが，被告は経営が軌道に乗るまで待ってくれと言うばかりでした。ところが，平成２５年１０月１１日に，被告が突然，詐欺罪の容疑で逮捕されてしまったのです。私は被告や星野に裏切られたとの思いを抱くようになり，星野との仕事上の関係も以後，一切断ちました。そして，平成２６年１月１４日に，私は，宮沢さんに代わってスリーパーの代表者となっていた田沢裕さんと面談をし，返済を求めたのですが，スリーパーから返済がされることはありませんでした。

　　私は，スリーパーに対する貸付け以外にも被告の様々な事業に出資や融資を行いましたが，結局，１億円以上の損害を被っています。

以　上

2014年1月15日11時43分　（株）ゴールドエース　　　　　　　　　　P1

金銭消費貸借契約書

　債権者株式会社ゴールドエース（以下「甲」という）と債務者株式会社スリーパー（以下「乙」という）は，金銭消費貸借について次のとおり契約を締結した。

第１条（消費貸借の成立）

　　　　甲は，乙に対し，本日，金壱千万円を貸し渡し，乙はこれを借り受けた。

第２条（弁済期）

　　　　乙は，甲に対して，平成２３年８月３１日に一括で返済する。

第３条（利息）

　　　　第１条の貸金の利息及び支払方法については，甲乙協議の上，別途定めるものとする。

第４条（公正証書の作成）

　　　　乙は，本件金銭消費貸借契約書を強制執行認諾文言付の公正証書とすることを承諾する。

第５条（保証）

　　　　保証人は，乙がこの契約によって負担する一切の債務について，乙と連帯して保証債務を負うものとする。

（特約事項）

乙が甲から借り受けた金銭は，グループホームの資金に充てるものとする。

　以上契約の証として，本書２通を作成し，それぞれ各１通を甲と乙が保有する。

平成 *２３* 年　 *５* 月　 *２５* 日

　　　　　　　　　　　甲　埼玉県戸田市荒川４－１－１
　　　　　　　　　　　　　株式会社ゴールドエース
　　　　　　　　　　　　　代表取締役　坂　本　新　矢

　　　　　　　　　　　乙　埼玉県戸田市左右田２－２－２
　　　　　　　　　　　　　株式会社スリーパー
　　　　　　　　　　　　　代表取締役　宮　沢　信　司

　　　　　　　連帯保証人　埼玉県戸田市近藤７－１－９
　　　　　　　　　　　　　星　野　真　人

　　　　　　　連帯保証人　東京都足立区堀切２－２－８
　　　　　　　　　　　　　沢　村　俊　治

金銭消費貸借契約書

　債権者株式会社ゴールドエース（以下「甲」という）と債務者株式会社スリーパー（以下「乙」という）は，金銭消費貸借について次のとおり契約を締結した。

第1条（消費貸借の成立）

　　甲は，乙に対し，金壱千万円を貸し渡し，乙はこれを借り受けた。

第2条（弁済期）

　　乙は，甲に対して，平成23年12月20日に一括で返済する。

第3条（利息）

　　第1条の貸金の利息及び支払方法については，甲乙協議の上，別途定めるものとする。

第4条（公正証書の作成）

　　乙は，本件金銭消費貸借契約書を強制執行認諾文言付の公正証書とすることを承諾する。

第5条（保証）

　　保証人は，乙がこの契約によって負担する一切の債務について，乙と連帯して保証債務を負うものとする。

　以上契約の証として，本書2通を作成し，それぞれ各1通を甲と乙が保有する。

平成　23　年　　9　月　　1　日

　　　　　　　　　　　　甲　埼玉県戸田市荒川4－1－1
　　　　　　　　　　　　　　株式会社ゴールドエース
　　　　　　　　　　　　　　代表取締役　坂　本　新　矢　

　　　　　　　　　　　　乙　埼玉県戸田市左右田2－2－2
　　　　　　　　　　　　　　株式会社スリーパー
　　　　　　　　　　　　　　代表取締役　宮　沢　信　司　

　　　　　　　　　連帯保証人　埼玉県戸田市近藤7－1－9
　　　　　　　　　　　　　　星　野　真　人

印 鑑 証 明 書

会社法人等番号　○○○○－○○－○○○○○○

商　　　号　　株式会社スリーパー

本　　　店　　埼玉県戸田市左右田２丁目２番２号

代表取締役　　　宮 沢 信 司

昭和○○年○月○日生

これは提出されている印鑑の写しに相違ないことを証明する。
平成２３年　５月　６日
○○地方法務局
登記官　　　　　　　　某　　印

整理番号　○○○○○○○

印　鑑　登　録　証　明　書

印　影	氏　名	星　野　真　人		
	生年月日	昭和〇〇年　〇月　〇日	性別	男
	住　所	埼玉県戸田市近藤7丁目1番9号		

この写しは、登録された印影と相違ないことを証明する。

平成23年 4月19日

戸田市長　某　㊞

陳　述　書

平成28年11月7日

埼玉県志木市君塚3－1－4

田　沢　　　裕　㊞

1　私は，平成24年9月21日に，株式会社スリーパーの代表取締役となっております。もともとは，沢村さんの経営するローゼン塾という学習塾をフランチャイズ展開する会社の社員でしたが，同年8月にグループホーム「あゆみ」を運営しているスリーパーに異動となったのです。そして，その際，スリーパーの設立者である沢村さんや取締役である星野さんから，退任する宮沢社長の代わりにスリーパーの代表取締役になってほしいと持ち掛けられ，了承しました。

代表の引継ぎに当たって，会社の負債や財務状況の詳しい説明はなく，負債については沢村さんや星野さんが責任を持つからと言われており，私はいわば雇われ社長でしかありません。私は，グループホーム「あゆみ」の現場運営を担当し，経理は星野さんがやっていました。

そのため，今回問題となっている原告のスリーパーに対する融資のことは何も知らないのです。

2　平成25年10月11日に，沢村さんがローゼン塾の関係で詐欺を行ったとして逮捕されてしまいました。その頃には，星野さんはスリーパーの資金を私的に流用したことが沢村さんに発覚し，グループホーム事業から手を引いていたので，私は一人で必死に「あゆみ」の存続のために奔走しておりました。

そうしたところ，平成26年1月14日，原告の坂本社長が訪ねてきて，スリーパーに2000万円の貸金があるから返済しろと強く迫ってきたの

です。坂本社長は，スリーパーに対する貸付けの契約書等の資料を私に示しましたが，私は何のことか分からず，取りあえず沢村さんに確認してみると述べて，坂本社長にその契約書等の資料をファックスしてもらうように依頼し，その日は引き取ってもらいました。翌日，坂本社長からスリーパーに，契約書2通（乙1，2）とスリーパーの印鑑証明書（乙3），星野さんの印鑑登録証明書（乙4）が送信されてきました。それを見ると，平成23年5月25日付けの契約書には沢村さんの印鑑は押されていませんでした。前日に私が坂本社長に見せられた契約書もそれと同じ状態でした。

　私は，沢村さんに，弁護人の小山内弁護士を通じて，この借入れについて確認したところ，沢村さんから，スリーパーが原告から2000万円を借り入れているのは事実だが，責任は全て自分と星野さんにあるので，「あゆみ」の存続を最優先にしてほしいとの返事が来ましたので，私からは返済はしておりません。

3　坂本社長は，平成26年3月16日にも星野さんを伴って，私にスリーパーの債務を肩代わりするよう求めてきましたが，私はそれを拒絶しました。

　結局，沢村さんが刑事事件を起こしたということで，スリーパーの信用がなくなり，同年末には，「あゆみ」を他の会社に譲渡し，スリーパーは休眠状態に陥りました。

以　上

陳　述　書

平成*２８*年*１１*月*７*日

東京都足立区堀切２－２－８

沢　村　俊　治　㊞

1　私は，平成２１年３月頃，星野の紹介で原告代表者の坂本さんと知り合いました。坂本さんは，経営する建築請負業でかなりのもうけを得ているようで，当時，私はローゼン塾という学習塾をフランチャイズ展開する株式会社ワコウ等，教育関連の事業を複数手掛けており，資金を必要としていましたので，坂本さんには資金協力を得たいと依頼しました。

　　坂本さんは，私の依頼を快諾してくれ，同年８月，原告名義で，ｅラーニングのベンチャー企業である株式会社アサユキという会社に６０００万円を融資してくれました。このときは私が保証しましたが，返済は，アサユキが約定どおりに行いました。また，坂本さんが東京で事業をしてみたいというので，６５００万円の出資を得て，浅草に飲食店を出店しました。

　　また，平成２３年３月頃，ワコウの運転資金を得るためにローゼン塾の出店権利を販売することにし，原告には埼玉地区の１０店分の出店権を３０００万円で購入してもらいました。この販売は，グループホーム事業を行うために私が全額出資して設立したスリーパーを通じて行いました。

2　私は，学習塾に高齢者向けグループホームを併設する事業モデルを考え付き，その実験のために，星野と戸田市で鍼灸院を開業している宮沢に協力を求め，同市でグループホームを開設・運営することにしました。宮沢がスリーパーの代表取締役，星野と私が取締役に就任しました。しかし，私は，学習塾関係の仕事が忙しかったため，グループホーム事業の開設準備は，星野と宮沢に任せており，宮沢には主に行政との折衝を，星野には資金調達を依

頼しました。スリーパーの社印や預金通帳は星野が管理しており，このこと
は宮沢も了承しておりました。

　グループホームの開設には約５０００万円の資金が必要であり，一部は私
が用意しましたが，残りは星野が銀行や知人に融資を依頼し用意したもので，
私は関与しておりません。今回問題となっている原告のスリーパーに対する
合計２０００万円の貸付けについても，後になって星野から聞いただけで，
よく分かりません。少なくとも，私は，当時，本件契約書や甲第２号証の契
約書を見たことはなく，本件契約書に連帯保証人として押印したこともあり
ません。

　なお，平成２３年１１月には，無事にグループホーム事業の認可が下り，
平成２４年春にはグループホーム「あゆみ」が開業しました。

3　坂本さんは，本件貸付けの翌日である平成２３年５月２６日に，私が本件
契約書や借受証を原告に交付したなどと主張していますが，私は当時原告の
下を訪ねるほど暇ではありませんでした。同年９月１日の別件貸付けの場に
私が同席していたということもありません。確かに，甲第５号証，甲第６号
証で借受証として出されているメモは，私が書いたものです。ただし，私が
原告に交付したものではありませんし，印鑑も私のものではありません。ま
た，私が押印したものでもありません。恐らく，本件貸付けと別件貸付けに
ついての領収証を事務員にパソコンで作成するよう指示した際の下書きでは
ないかと思います。このような手書きの走り書きのようなメモを正式な借受
証として相手に渡すことはあり得ません。

4　平成２５年１月頃から，私が提携先学習塾からワコウに不正に１億円余り
の預金を移したとして，電子計算機使用詐欺罪の疑いを掛けられ，警察の捜
査が始まりました。結局，同年１０月１１日に，私は逮捕されてしまい，公
判で争ったのですが，平成２７年９月に実刑判決を受けてしまい，服役しま
した。その関係で，グループホームは売却せざるを得なくなりました。また，

坂本さんに資金援助を得ていた学習塾事業も行き詰まり，その関係では坂本さんに迷惑を掛けたことは申し訳ないと思っていますが，本件貸付けに関しては，私は保証などしておりません。

以　上

第5号様式（証人等調書）

☑ 証 人 □ 本 人 □ 鑑定人 □ 調 書	裁判所書記官印
（この調書は，第 2 回口頭弁論調書と一体となるものである。）	㊞

事 件 の 表 示	平成 28 年（ワ）第 577 号
期 日	平成 28 年 12 月 21 日 午前・午後 1 時 30 分
氏 名	星 野 真 人
年 齢	48歳
住 所	埼玉県戸田市近藤7丁目1番9号
宣誓その他の状況	☑ 裁判長（官）は，宣誓の趣旨を説明し， 　☑ 証人が偽証をした場合の罰を 　□ 本人が虚偽の陳述をした場合の制裁を 　□ 鑑定人が虚偽の鑑定をした場合の罰を 　告げ，別紙宣誓書を読み上げさせてその誓いをさせた。 □ 裁判長（官）は，さきにした宣誓の効力を維持する旨告げた。 ☑ 後に尋問されることになっている 　☑ 証人 □ 鑑定人　は 　☑ 在廷しない。 　□ 裁判長（官）の許可を得て在廷した。 □

陳 述 の 要 領
別紙のとおり
以 上

（注）1　該当する事項の□にレを付する。

　　　2　「陳述の要領」の記載の末尾に「以上」と記載する。

（別紙）

原告代理人

甲第１１号証（陳述書）を示す

1　　これはあなたのされたお話を私がまとめてあなたに署名と押印をしてもら
　　　ったものに間違いないですね。
　　　　　　はい。間違いないです。

2　　内容を改めたいところなどはありますか。
　　　　　　特にはないです。

3　　あなたが原告の坂本社長と知り合ったのはいつですか。
　　　　　　坂本社長が原告を設立した平成１５年頃になります。私は都内の会
　　　　計事務所に勤めておりまして，その得意先の紹介で坂本社長と知り合
　　　　いました。

4　　その後，原告や坂本社長とは，どのような関わりを持つようになりました
　　　か。

　　　　　　知り合ってすぐ，坂本社長から原告の経理を見てくれないかと頼ま
　　　　れまして，それ以来，平成２５年までは私が原告の税務処理や経理を
　　　　担当していました。

5　　被告とは，いつ，どのようなきっかけで知り合うようになったのですか。
　　　　　　被告とは，平成２０年に私が以前から関わっていたボランティア活
　　　　動を通じて知り合い，その後，一緒に学習塾関係の事業をやろうとい
　　　　うことになりました。

6　　坂本社長と被告が知り合ったのは，あなたが紹介をしたことがきっかけだ
　　　ったのですか。
　　　　　　そうです。坂本社長は，常々何か面白い事業はないかと話していま
　　　　して，それならということで，平成２１年３月に，坂本社長に被告を，
　　　　学習塾等手広く事業をしている人物として紹介しました。

7　　本件の借入れのきっかけになったグループホーム開設の話は，いつ頃から

始まったのですか。

　　　　　平成２２年頃だったと思いますが，被告が，これからは福祉事業だ
　　　　から福祉事業に参入すると言い出し，検討の結果，グループホームを
　　　　開設して，運営することになりました。

8　　　あなたもその事業に関わることになったのですか。

　　　　　はい。被告は，福祉事業の会社としてスリーパーを設立し，私は，
　　　　その代表取締役となった宮沢さんや被告から，資金調達や経理を頼ま
　　　　れまして，引き受けることにしました。実際には，銀行や知人に出資
　　　　や融資を依頼しに行きました。資金調達に当たって常に必要であるた
　　　　め，スリーパーの印鑑と預金通帳は私が管理していました。

9　　　坂本社長にも資金に関してお願いをすることはあったのですか。

　　　　　そうですね。平成２３年の春頃に一度，被告と一緒に，出資の形で
　　　　の資金提供をお願いしに行ったのですが，坂本社長からは融資であれ
　　　　ば協力するとのお答えを頂きましたので，５月に私の方で原告の事務
　　　　所に融資のお願いに行きました。

甲第１号証（金銭消費貸借契約書（平成２３年５月２５日付け））を示す

10　　　この契約書を持ってお願いに行ったのですか。

　　　　　私がこの契約書を２通作って，原告事務所にお邪魔して，グループ
　　　　ホームの開設・運営資金が必要だということを説明して，坂本社長に
　　　　融資のお願いをしました。スリーパーの社印はあらかじめ私が押して
　　　　おきました。

11　　　坂本社長はどのような対応をしましたか。

　　　　　坂本社長は，快く了解してくれ，この契約書に会社の印鑑を押して
　　　　くれました。

12　　　保証人欄にあなたと被告の氏名が印字されていますが，二人が保証人とな
　　　るということだったのですか。

はい。グループホーム事業は，実質的には被告の事業ですし，平成23年春頃に坂本社長にこの事業の資金協力を依頼しに行った際，被告も保証人になることを了承していましたので，あらかじめ被告の氏名を入れています。また，私も融資を依頼する以上，保証人にならなければいけないと思って，私の氏名も入れておきました。

13　あなたの記名欄にはあなたが印鑑を押したのですか。

そうです。

14　被告の記名欄の印鑑は誰が押したのでしょうか。

被告だと思います。

15　平成23年5月25日にあなたが坂本社長に貸付けの依頼に行ったときには，契約書に被告の押印はされていなかったのですか。

はい。坂本社長に融資を依頼しに行く前に，被告に押印してもらう機会がなかったので，被告の印鑑は押さないまま坂本社長のところへ行きました。被告の印鑑は，後日押印するということで，契約書2通に原告印をもらった後，いずれも私が持ち帰りました。坂本社長には，契約書のコピーを取ってもらっています。

16　持ち帰った契約書はどうしたのですか。

2通とも被告に渡したと思いますよ。被告には，印鑑を押して，1通は坂本社長に渡し，もう1通は私に返してくれと言いました。

甲第8号証（金銭消費貸借契約書（平成23年5月25日付け，星野真人所持分））を示す

17　これは，先日，あなたが坂本社長のもとに送ってくれたものですが，そのときまであなたがこの契約書を持っていたのですね。

そうです。後日，被告から，押印のある契約書1通を受け取りました。この契約書がそれです。

18　融資が得られたことは被告には話しているのですか。

　　　　　もちろんです。被告はグループ会社内で資金を融通し合っていまし
　　　　たので，融資金が入ると，私に幾らこの口座に振り込めとか，現金で
　　　　幾ら渡せといった指示をしてきます。本件の融資金も，一部はグルー
　　　　プホーム事業以外に流用されています。

甲第１０号証（電子メール文書）を示す

19　　　このメールのことを覚えていますか。

　　　　　　はい。

20　　　下の部分にあなたが送ったメールがありますが，山田順子さんというのは
　　　誰ですか。

　　　　　　ワコウの社員です。

21　　　山田さんを通じて，その日の午後４時２５分には，被告に１０００万円の
　　　借入れができたことを伝えているんですね。

　　　　　　そうです。１０００万円をどうするのかについても，山田を通じて
　　　　問い合わせました。

22　　　それに答えた指示が，この書証の上の部分の山田さんからのメールになる
　　　んですね。

　　　　　　はい。３００万円は被告が使うということで，翌日私が下ろして，
　　　　被告に渡しました。

甲第９号証を示す

23　　　これも，あなたが先日坂本社長のもとに送ってくれたスリーパー名義の総
　　　合口座通帳ですが，平成２３年５月２５日，２６日頃にどのような記載があ
　　　りますか。

　　　　　　このスリーパーの総合口座通帳は，私がスリーパーを辞めたときに
　　　　写しを取っておいたものです。それによると，平成２３年５月２５日
　　　　に原告から振り込まれた１０００万円のうち，７００万円は翌日，私
　　　　が，グループホームのリフォーム代金として上戸工務店に振り込みま

した。残りの３００万円は被告の指示で引き出して，その日のうちに現金で被告に渡しています。

甲第２号証（金銭消費貸借契約書（平成２３年９月１日付け））を示す

24　あなたは，平成２３年９月にも原告に融資を依頼しましたか。

　　　　はい。資金が必要となり，追加の融資をお願いしました。このときも，私がこの契約書を作成して，甲第１号証と同様，私がスリーパーの社印と私の印鑑を押して坂本社長に手渡し，原告に１０００万円融資してもらったのです。

被告代理人

25　平成２３年５月２５日の貸付けを以下，本件貸付けといいますが，本件貸付けの契約書は貸主，借主双方保管用に２通作ったのですね。

　　　　はい。

26　２通被告に渡して，１通が被告から戻ってきたとのことですが，戻ってきた契約書はあなたが保管していたのですか。

　　　　はい。スリーパーの資金調達は私が任されていたので，借主用の契約書は私が保管することにしました。

27　とすると，被告に渡したもう１通の契約書が原告保管用の契約書ですか。

　　　　はい。

28　資金調達のことはあなたに任されていたのなら，本件貸付けのことなどその都度被告には報告しないのではないですか。

　　　　経営判断は被告がするのですから，重要なことはすぐ報告します。

29　平成２３年５月当時，被告は戸田の方まで来ることはあったのですか。

　　　　確かに東京での事業が忙しかったようですが，私の自宅に来て打合せをすることはありましたし，平成２３年５月２６日にも現金３００万円を受け取りに来ています。

30　本件貸付けの契約書を被告に渡したのはいつですか。

　　　　　３００万円を渡したのと同じときだと思います。被告はその足で坂

　　　　本社長のところに行ったのではないですか。私の自宅と坂本社長の事

　　　　務所とは車で５分も掛かりませんからね。

31　　　あなたは，その日，被告がその契約書２通に押印する場面は見ていないの

　　　　ですね。

　　　　　　はい。借主用の契約書も後日印鑑が押されたものを受け取ったので，

　　　　被告が私の面前で押印したわけではありません。

32　　　被告から借主用の契約書を受け取ったのはいつですか。

　　　　　　さほど日がたたないうちだったと思いますが，よく覚えていません。

甲第５号証（借受証（平成２３年５月２５日付け））を示す

33　　　このメモに見覚えはありますか。

　　　　　　いいえ，ありません。

甲第２号証を示す

34　　　平成２３年９月１日の追加融資を以下，別件貸付けといいますが，別件貸

　　　　付けを受けた際の契約書には，なぜ被告が連帯保証人に入っていないのです

　　　　か。

　　　　　　分からないです。入れ忘れかもしれないです。

35　　　これもあなたが作ったのですよね。

　　　　　　はい。私が作りました。

36　　　別件貸付けを原告に依頼したときには，被告も同席していたのですか。

　　　　　　よく覚えていません。

37　　　あなたは，原告からこれらの貸付けについて保証人として請求を受けてい

　　　　ますか。

　　　　　　はい。原告から訴えられて，判決も出ています。

38　　　裁判には欠席したのですね。

　　　　　　そうです。保証したことに間違いはないですから。

39　あなたは原告にこれらの返済はしているのですか。

　　　　　坂本社長からの仕事も打ち切られ，生活も苦しいので，スリーパー
　　　　の債務の返済までは手が回りません。

40　今は，あなたは原告の経理の仕事をしていないのですか。

　　　　　はい。平成２５年に被告が逮捕されたことで，坂本社長に話が違う
　　　　と激怒され，仕事上の関係は無くなりました。

41　スリーパーとは今も関係があるのですか。

　　　　　いいえ。登記上は役員のままですが，被告からスリーパーの金を使
　　　　い込んでいると言い掛かりを付けられ，平成２５年９月頃には，田沢
　　　　に任せて私はスリーパーの経営から離れました。

42　それ以降，あなたが田沢さんに会ったことはありませんか。

　　　　　坂本社長に頼まれて一度会ったように思いますが，詳しいことは覚
　　　　えていません。

43　そのときは，坂本さんに協力したということですか。

　　　　　そうです。

44　とすると，あなたと坂本さんとの関係はまだ続いているのではないですか。

　　　　　いいえ。坂本社長には，被告を紹介したことで迷惑を掛けましたか
　　　　ら，そのときは協力しましたが，その後は，坂本社長とは会っていま
　　　　せん。

　　　　　　　　　　　　　　　　　　　　　　　　　　　　以　上

宣　　誓

良心に従って真実を述べ，何事

も隠さず，偽りを述べないことを

誓います。

氏　名　　星野真人　㊞

第5号様式（証人等調書）

□ 証 人 ☑ 本 人 □ 鑑定人 □ 　　 調 書	裁判所書記官印
（この調書は，第　2　回口頭弁論調書と一体となるものである。）	㊞

事 件 の 表 示	平成 ２８ 年（ワ）第 　　５７７　　 号
期 　　　　 日	平成 ２８ 年 １２ 月 ２１ 日　午前・⃝午後 　１ 時 ３０ 分
氏 　　　　 名	坂 本 新 矢
年 　　　　 齢	３９歳
住 　　　　 所	埼玉県戸田市荒川４丁目１番１号
宣誓その他の状況	☑ 裁判長（官）は，宣誓の趣旨を説明し， 　 □ 証人が偽証をした場合の罰を 　 ☑ 本人が虚偽の陳述をした場合の制裁を 　 □ 鑑定人が虚偽の鑑定をした場合の罰を 　 告げ，別紙宣誓書を読み上げさせてその誓いをさせた。 □ 裁判長（官）は，さきにした宣誓の効力を維持する旨告げた。 ☑ 後に尋問されることになっている 　 ☑ 証人 □ 鑑定人 は 　 ☑ 在廷しない。 　 □ 裁判長（官）の許可を得て在廷した。 □

陳 　 述 　 の 　 要 　 領
別紙のとおり
以 　 上

（注）　1　該当する事項の□にレを付する。

　　　　2　「陳述の要領」の記載の末尾に「以上」と記載する。

（別紙）

原告代理人

甲第１２号証を示す

1　　　この陳述書は，あなたがお話しになった内容を私の方でまとめて作成した
　　　ものですが，署名押印はあなたがしたもので間違いないですか。

　　　　　　　はい。間違いありません。

2　　　内容を御覧になって訂正したい点はありますか。

　　　　　　　特には思い付きません。

3　　　あなたと星野さんが知り合ったきっかけはどのようなことですか。

　　　　　　　先ほど星野も証言していましたが，私が今の会社を立ち上げたとき
　　　　　　に，経理を見てくれる人を探していて，知人に星野を紹介してもらっ
　　　　　　たのです。

4　　　その後，星野さんには原告の経理を見てもらうことになったのですか。

　　　　　　　そうです。平成２５年頃まで経理を見てもらっていました。

5　　　あなたが被告と知り合ったきっかけはどのようなものですか。

　　　　　　　平成２１年３月に星野の紹介で被告と知り合いました。私の会社も
　　　　　　順調だったもので，何かもうかるような事業はないかと話していたの
　　　　　　で，手広く事業をしている人ということで紹介を受けました。

6　　　そして，実際に被告の事業に協力するようになったのですね。

　　　　　　　はい。初めはアサユキという会社だったと思いますが，６０００万
　　　　　　円ほど融資をして，その際に利息も含めて約束どおり返済されたので，
　　　　　　その後も私個人や原告からいろいろな形で飲食店や学習塾の事業に出
　　　　　　資や融資をしてきました。

7　　　今回あなたが被告に請求している保証債務の主債務であるスリーパーへの
　　　　貸付け，以下，本件貸付けといいますけど，本件貸付けをするようになった
　　　　きっかけは何ですか。

　　　　　　　平成２３年春頃，被告が星野と一緒に原告事務所を訪ねてきて，今

度，戸田市でグループホーム事業を行うことになり，グループホーム
の開設資金等が必要だとして，出資を依頼されました。

8　それに対してあなたは何と答えたのですか。

　　　　私は，当時，星野や被告を信頼していましたし，原告の業績も良か
　　　ったことから，資金協力には応じようと思いましたが，既に被告には
　　　多額の出資をしているので，今回は出資ではなく貸付けにして，被告
　　　には保証をしてもらうと伝えました。

9　被告は，あなたの融資の申出についてどのような反応でしたか。

　　　　被告は，私の申出を了承してくれました。ただ，具体的な話は後か
　　　らということで，具体的な貸付額や条件などの話は出ませんでした。

10　その融資の話が具体化したのはいつになりますか。

　　　　平成23年5月25日に，星野が会社の事務所に来て，私に，10
　　　00万円を融資してほしいと言っていました。星野は，融資先は，被
　　　告がグループホーム事業のために設立したスリーパーという会社だと
　　　のことで，返済は8月末に一括払い，星野と被告が連帯保証するとの
　　　話をしたので，了承しました。

甲第1号証（金銭消費貸借契約書（平成23年5月25日付け））を示す

11　この契約書はどのような手順で作成されたのですか。

　　　　星野がスリーパーの社印と連帯保証人欄の自身の印が既に押された
　　　契約書を作成してきており，被告については記名だけがされていて，
　　　印鑑は押されていなかったのですが，星野の話では，契約書は持ち帰
　　　り，後日被告が押印して届けるとのことでしたので，契約書に会社の
　　　印を押して，コピーを取って，原本を星野に渡しました。

12　その原本はあなたの手元には届いたのですか。

　　　　翌日，被告が私の事務所に来て，本件契約書と1000万円を借り
　　　受けた旨の記載と被告名義の押印のある借受証を私に交付しました。

甲第5号証を示す

13　　これがその借受証ですね。

　　　　　　　そうです。

14　　１０００万円はどのように交付したのですか。

　　　　　　　２５日のうちにスリーパーの口座に振り込みました。

甲第3号証の1を示す

15　　この振込金受取書によると，１０００万円が名取銀行戸田支店のスリーパ
　　　ーの普通預金口座に振り込まれていますが，これが貸付金としての振込とい
　　　うことですか。

　　　　　　　そうです。

16　　その貸付金の返済はありましたか。

　　　　　　　ありません。弁済期の翌日には，被告と星野が私の事務所に来て，
　　　　　　１０００万円の追加融資を依頼され，私としては，事業が頓挫して本
　　　　　　件貸付けの返済が受けられないと困るので，１２月２０日に返しても
　　　　　　らう約束で１０００万円追加融資しました。

17　　その貸付けを別件貸付けといいますが，本件貸付けと別件貸付けの合計２
　　　０００万円のほかに，原告ないしあなた個人がスリーパーに対し貸付けをし
　　　たことはありますか。

　　　　　　　貸付けはないです。平成２３年３月頃に，学習塾の出店権利を買っ
　　　　　　てくれと言われ，原告が権利金名目で出資したことはあります。

乙第1号証（ファクシミリ文書（平成２３年５月２５日付け金銭消費貸借契約書））
を示す

18　　被告が言うには，あなたが平成２６年１月１４日にこの契約書を持ってス
　　　リーパーに取立てに来たということなんですが，記憶はありますか。

　　　　　　　はっきりは覚えていないですけど，翌日，私がこの契約書をファッ
　　　　　　クスしたということであれば，そういうことなんだと思います。

19 なぜ，被告の押印がない契約書があるんですか。

　　　　先ほどお話ししたとおり，５月２５日に星野が契約書を持ってきた

　　　ときに，コピーを取っておいたのです。

被告代理人

20 その話からお聞きしますが，本件貸付けの契約書について，あなたの手元

　　　には被告印のある原本と被告印のないコピーがあるということですね。

　　　　そうです。

21 本件貸付けの日に契約書のコピーを取って原本は星野さんに返したとのこ

　　　とですが，その日に星野さんから受け取ったものはありますか。

　　　　スリーパーと星野の印鑑証明書を受け取りました。

甲第５号証を示す

22 このメモは，被告から受領したものですか。

　　　　はい。本件貸付けの翌日，被告が持参してきました。私の面前で書

　　　いたのではなく，あらかじめ書かれていて，印鑑も押してありました。

23 こんなメモ書きではなく，きちんとした領収書を切ってくれとは頼まなか

　　　ったのですか。

　　　　他に契約書がありましたので，手書きでも貸した証拠にはなるだろ

　　　うと思い，これ以外の書類をくれとは頼みませんでした。

甲第６号証（借受証（平成２３年９月１日付け））を示す

24 別件貸付けの際には，星野さんだけでなく被告も依頼に来たとのことです

　　　が，このメモはあなたの目の前で被告が書いたのですか。

　　　　いいえ。あらかじめ書かれていたものをそのときに受け取りました。

　　　　契約書も用意されていたので，二人とも借りるつもりで来たのだと思

　　　います。

25 別件貸付けの際には，被告に連帯保証をしてもらわなかった理由は何です

　　　か。

理由は特にありません。

26　被告の保証が付いていないことは，契約書を見てすぐ分かりましたか。

　　　　はい。もともと，契約書に被告の氏名がなかったので，特に言わなかったのだと思います。

27　本件貸付けの返済も受けていないのに，その弁済期の翌日に，さらに１０００万円融資することに不安はなかったのですか。

　　　　まだ，この頃は被告や星野を信頼していましたし，グループホームが開業して軌道に乗ってもらわないと最初の融資の返済も受けられないと思い，渋々承諾したのです。

28　返済については，被告や星野さんに催促はしたのですか。

　　　　もちろんしていました。星野は，被告に話しておくと言うだけでしたし，被告ももう少し待ってくれと言うばかりでした。そのうち，被告が逮捕されてしまい，困って，田沢さんに連絡を取って面会しました。

29　平成２６年にスリーパーの田沢さんと面会した際，貸付けに関する書類は示しましたか。

　　　　本件貸付けの契約書のコピー，つまり甲第７号証を見てもらいました。原本は持ち歩きたくなかったので，もともと持っていたコピーを持参したのです。

30　被告の押印のある原本を見せるのが普通ではないですか。

　　　　被告は保証人ですから，スリーパーに請求するのに被告の押印は重要とは思いませんでした。

31　田沢さんに他の書類は示さなかったのですか。

　　　　甲第２号証の追加融資の契約書も示しましたが，それだけです。他の資料は事務所に置いていきました。

32　資料は事務所のどこに保管していたのですか。

金庫の中です。

33　田沢さんは本件貸付けや別件貸付けのことを知っていましたか。

　　　　いいえ。融資のことは分からないので被告に確認するから，資料を
　　ファックスで送ってくれと頼まれました。それで，翌日，契約書等一
　　式をファックスで送信しました。

34　それが乙第1号証から乙第4号証までのファクシミリ文書ですね。

　　　　はい。

35　なぜ，このとき被告の押印のある契約書原本ではなく，押印のないコピー
　　の方をファックスで送信したのですか。

　　　　特に他意はありません。コピーは手元にありましたので，金庫から
　　原本を出すのが面倒だっただけです。

36　田沢さんに貸付けのことを被告に確認してもらった結果はどうでしたか。

　　　　被告も，スリーパーが原告から借入れしていることは認めていると
　　のことでしたが，今はスリーパーには資金も資産もないから支払えな
　　いとのことでした。

37　被告の保証のことは確認してもらわなかったのですか。

　　　　このときは頼んでいません。

38　あなたは田沢さんにスリーパーの債務を肩代わりさせようと星野さんと一
　　緒に迫ったのではないですか。

　　　　田沢さんに保証してほしいと依頼したことはありますが，考えさせ
　　てくれと言われたきり，連絡は取れなくなりました。

39　星野さんに対しては，本件訴訟前に既に勝訴判決を得ているようですが，
　　支払は求めていないのですか。

　　　　平成25年末には星野との仕事上の関係も断ちましたし，平成27
　　年には星野の責任もはっきりさせようと思い，星野を訴えたのですが，
　　資力もないようで，支払については，まずは，スリーパーの実質的経

営者である被告に払ってもらってからと考えています。

以　上

宣　誓

良心に従って真実を述べ，何事も隠さず，偽りを述べないことを誓います。

氏　名　　坂本新矢　㊞

第5号様式（証人等調書）

<table>
<tr><td colspan="2">☑ 証　人　□ 本　人　□ 鑑定人　□　　　　　調　書

（この調書は，第　2　回口頭弁論調書と一体となるものである。）</td><td>裁判所書記官印

㊞</td></tr>
<tr><td>事 件 の 表 示</td><td colspan="2">平成　28　年（ワ）第　　　577　　　号</td></tr>
<tr><td>期　　　　　　　日</td><td colspan="2">平成　28　年　12　月　21　日　午前・⑭後　1　時　30　分</td></tr>
<tr><td>氏　　　　　　　名</td><td colspan="2">田　沢　　裕</td></tr>
<tr><td>年　　　　　　　齢</td><td colspan="2">42歳</td></tr>
<tr><td>住　　　　　　　所</td><td colspan="2">埼玉県志木市君塚3丁目1番4号</td></tr>
<tr><td>宣誓その他の状況</td><td colspan="2">☑　裁判長（官）は，宣誓の趣旨を説明し，
　　☑　証人が偽証をした場合の罰を
　　□　本人が虚偽の陳述をした場合の制裁を
　　□　鑑定人が虚偽の鑑定をした場合の罰を
　　告げ，別紙宣誓書を読み上げさせてその誓いをさせた。
□　裁判長（官）は，さきにした宣誓の効力を維持する旨告げた。
□　後に尋問されることになっている
　　□　証人　□　鑑定人　は
　　□　在廷しない。
　　□　裁判長（官）の許可を得て在廷した。
□</td></tr>
<tr><td colspan="3">陳　述　の　要　領</td></tr>
<tr><td colspan="3">別紙のとおり</td></tr>
<tr><td colspan="3" align="right">以　上</td></tr>
<tr><td colspan="3"></td></tr>
<tr><td colspan="3"></td></tr>
<tr><td colspan="3"></td></tr>
</table>

（注）　1　該当する事項の□にレを付する。

　　　　2　「陳述の要領」の記載の末尾に「以上」と記載する。

（別紙）

被告代理人

乙第5号証を示す

1 　　　この陳述書は，あなたが話した内容をもとに私が作ってあなたに署名押印
　　　してもらったもので間違いないですか。

　　　　　　　　そうです。

2 　　　どこか訂正するようなところはありますか。

　　　　　　　　ありません。この内容のとおりです。

3 　　　あなたは現在スリーパーの代表取締役ということで間違いないですか。

　　　　　　　　はい。間違いありません。

4 　　　どのようないきさつでスリーパーの代表取締役になったのですか。

　　　　　　　　もともとは沢村さんが経営しているローゼン塾という学習塾をフラ
　　　　　　　ンチャイズという形でやっている会社の社員をしていたのですが，沢
　　　　　　　村さんや星野さんから退任する宮沢社長の後任にならないかとの話を
　　　　　　　いただいて，代表取締役になりました。

5 　　　そうすると，この訴訟で原告主張のスリーパーへの貸付けの当時のことは
　　　あなたはよく知らないということでいいですか。

　　　　　　　　はい。そのときはスリーパーとは全く関わりがなかったので，よく
　　　　　　　存じ上げません。

6 　　　あなたが原告が本件で主張しているスリーパーの借入金の話を知ったの
　　　はいつですか。

　　　　　　　　確か，平成26年の1月の中頃だと思いますが，坂本社長がスリー
　　　　　　　パーの事務所に来て，2000万円の貸付けがあるから返済をしろと
　　　　　　　言ってきたので，そのときに知りました。

7 　　　坂本社長は，何か資料や根拠を示すようなことはありましたか。

　　　　　　　　坂本社長は，貸付けの契約書を持ってきて，私に示していました。

8 　　　あなたは，坂本社長にどのような対応をしたのですか。

　　　　　私は，何のことだか全く分からなかったので，沢村社長に確認をし

　　　　て対応しますと伝え，坂本社長に手持ちの資料を後ほどファックスし

　　　　てもらうように依頼しました。

9　　　ファックスは来たのですか。

　　　　　翌日，ファックスされてきました。

10　　　具体的には，どのような書類が来ましたか。

　　　　　契約書が２度の貸付けのそれぞれのもの，それから，スリーパーの

　　　　印鑑証明書と，星野さんの印鑑登録証明書だったと思います。

乙第１号証（ファクシミリ文書（平成２３年５月２５日付け金銭消費貸借契約書）），

第２号証（ファクシミリ文書（平成２３年９月１日付け金銭消費貸借契約書）），第

３号証（ファクシミリ文書（印鑑証明書））及び第４号証（ファクシミリ文書（印鑑

登録証明書））を示す

11　　　これらが今お話になった書類ですね。

　　　　　そうです。

乙第１号証を示す

12　　　本件貸付けの契約書を見て，何か気付くことはありますか。

　　　　　このファックスで送られてきた契約書には沢村さんの印鑑が押され

　　　　ていないです。

13　　　前の日に坂本社長が持ってきた契約書には沢村さんの印鑑は押されてい

　　　　ましたか。

　　　　　いいえ。前日持ってきたものにも沢村さんの印鑑は押されていませ

　　　　んでした。

14　　　後から，沢村さんにこの借入れについて確認はしたのですか。

　　　　　はい。しました。

15　　　沢村さんは何と言っていましたか。

　　　　　沢村さんは，既に拘置所にいたので，弁護士さんを通じて確認をし

- 93 -

てもらったのですが，沢村さんは，スリーパーが２０００万円を借り
入れているのは事実だが，「あゆみ」の存続を最優先にしてほしいとの
話でした。

16　スリーパーの返済はどうなっているのですか。

　　　返済はしていません。スリーパーは，もう「あゆみ」を他の会社に
　　　譲渡してしまい，全く活動をしていませんので，返済は難しいと思い
　　　ます。

原告代理人

17　平成２６年１月１４日に坂本さんから示された本件貸付けの契約書は原
本でしたかそれともコピーでしたか。

　　　原本だったと記憶しています。

18　被告の押印がないことにはその場で気が付いたのですか。

　　　はい。

19　そのことをあなたは坂本さんに指摘しましたか。

　　　いいえ。特に説明は求めませんでした。

20　記名はあるのに押印がないと気が付いたなら，疑問に思って質問するので
はないですか。

　　　不審には思いましたが，突然，聞いたこともない債務について，強
　　　く返済を迫られましたので，聞き出せませんでした。

21　それ以外に誰の記名と押印があったかはそのとき確認しましたか。

　　　原告とスリーパーの記名押印はありましたが，他はちょっと覚えて
　　　いません。

22　あなたは，きちんと契約書を確認したのですか。

　　　じっくりと見たわけではないので。ですから，被告に確認するため
　　　にファックスしてもらうよう坂本社長に依頼したのです。

23　翌日に坂本さんからファックスで送られてきたのは，乙第１号証から乙第

４号証までの書類だけですか。

　　そうです。

以　上

宣　　誓

良心に従って真実を述べ，何事も隠さず，偽りを述べないことを誓います。

氏　名　　*田　沢　裕* ㊞

第5号様式（証人等調書）

<table>
<tr>
<td rowspan="2">□ 証 人 ☑ 本 人 □ 鑑定人 □　　　調 書

（この調書は，第　2　回口頭弁論調書と一体となるものである。）</td>
<td>裁判所書記官印</td>
</tr>
<td>㊞</td>
</table>

事 件 の 表 示	平成 28 年（ワ）第　577　号
期　　　　　　日	平成 28 年 12 月 21 日　午前・午後　1 時 30 分
氏　　　　　　名	沢 村 俊 治
年　　　　　　齢	45歳
住　　　　　　所	東京都足立区堀切2丁目2番8号
宣誓その他の状況	☑　裁判長（官）は，宣誓の趣旨を説明し， 　　□　証人が偽証をした場合の罰を 　　☑　本人が虚偽の陳述をした場合の制裁を 　　□　鑑定人が虚偽の鑑定をした場合の罰を 　　告げ，別紙宣誓書を読み上げさせてその誓いをさせた。 □　裁判長（官）は，さきにした宣誓の効力を維持する旨告げた。 □　後に尋問されることになっている 　　□　証人　□　鑑定人　は 　　□　在廷しない。 　　□　裁判長（官）の許可を得て在廷した。 □

陳　　述　　の　　要　　領
別紙のとおり
以　上

（注）1　該当する事項の□にレを付する。

　　　2　「陳述の要領」の記載の末尾に「以上」と記載する。

（別紙）

被告代理人

乙第6号証を示す

1　　　　この陳述書の署名押印はあなたのものですか。

　　　　　　　　そうです。

2　　　　内容は，確認されましたか。

　　　　　　　　はい。しました。

3　　　　間違えているところ，訂正したいところはありますか。

　　　　　　　　間違いありません。

4　　　　あなたが星野さんや坂本社長と知り合いになった経緯について，先ほど星
　　　　野さんや坂本さんがお話しされていましたが，聞いていた内容で違うと思っ
　　　　たところはありましたか。

　　　　　　　　そうですね。大体先ほど星野が証言していたとおりです。

5　　　　スリーパーでのグループホーム事業は，いつ頃から始まったのですか。

　　　　　　　　一番初めは平成22年頃だったと思います。学習塾の事業がうまく
　　　　いっていたので，学習塾に高齢者向けグループホームを併設すればう
　　　　まくいくのではと考え，まずは戸田市でグループホームを開設，運営
　　　　することにしました。

6　　　　具体的にグループホームの事業にあなたは関わることはできたのですか。

　　　　　　　　私は，学習塾関係の仕事で多忙だったため，グループホーム事業に
　　　　ついてほとんど星野と宮沢に任せきりにしており，経営には関与して
　　　　いませんでした。

7　　　　グループホーム事業の資金面は誰が担当していましたか。

　　　　　　　　資金調達は，星野に任せていました。

8　　　　あなたが，原告に対して，資金面で何か依頼をしに行ったりしたことはあ
　　　　りますか。

　　　　　　　　平成23年の春頃，原告の事務所に行って，坂本社長にグループホ

　　　　　　ーム事業を始める旨の挨拶と今後の資金援助の要請をしたことはあり

　　　　　　ます。

9　　　　　そのときに，何か具体的な話がまとまったりはしましたか。

　　　　　　この時点では具体的な借入れを申し込んだわけではありません。

10　　　　本件貸付けについて，貸付けの際にあなたが関与したことはありますか。

　　　　　　いいえ，ありません。後になって星野から借入れをしたことを聞き

　　　　　　ましたが，私は一切関わっていません。

甲第1号証（金銭消費貸借契約書（平成23年5月25日付け））を示す

11　　　　これが本件貸付けの契約書ですが，あなたは当時これを見たことがありま

　　　　　　したか。

　　　　　　全く見たことはありません。

12　　　　あなたが，連帯保証人としてこの契約書に押印したり，それを原告に差し

　　　　　　入れたことはありますか。

　　　　　　当時，契約書自体を見たことがないので，そのようなことをしたこ

　　　　　　とはありません。

13　　　　この契約書に押されている印影は見たことがありますか。

　　　　　　私が見たことがない判こです。私の判こによるものではありません。

　　　　　　そもそも，私は，契約書にこのような三文判を押すことはありません

　　　　　　ので。

甲第8号証（金銭消費貸借契約書（平成23年5月25日付け，星野真人所持分））

を示す

14　　　　これは，星野さんが保管していた契約書のようですが，この契約書に押さ

　　　　　　れている印影は見たことがありますか。

　　　　　　この契約書についても同様で，私が見たことがない判こが押されて

　　　　　　います。

15　　　　あなたが，押印して星野に渡したことはありませんか。

ありません。

16　　　スリーパーが本件貸付けや別件貸付けを受けたことは間違いないんです
　　　ね。

　　　　　　はい。間違いないです。いずれも借入れが終わった後に星野から報
　　　　　告を受けていますので。

甲第5号証を示す

17　　　この借受証を見たことがありますか。

　　　　　　見覚えがあります。私はパソコンが使えないんですが，事務員に書
　　　　　類の作成を指示するときに，このような下書きを渡すことがあります。
　　　　　この手書きの紙は，恐らく私が事務員に作成させた本件貸付けと別件
　　　　　貸付けについての領収証の下書きではないかと思います。星野から本
　　　　　件貸付けや別件貸付けの報告を受けて，領収証を坂本社長に渡してお
　　　　　いた方が良いだろうと思い，作成することにしたのです。

18　　　この借受証に記載されている印鑑はあなたが押したものですか。

　　　　　　私のものではありませんし，私が押したものでもありません。見た
　　　　　ことがない判こです。

甲第6号証（借受証（平成23年9月1日付け））を示す

19　　　これについても甲第5号証と同じですね。

　　　　　　はい。これも領収証の下書きですし，判こも私は全く見たことがな
　　　　　いものです。

甲第10号証（電子メール文書）を示す

20　　　このメールによると5月25日に星野が原告からお金を借りた後，あなた
　　　が山田を通じてお金の使い道について指示を出していますね。

　　　　　　はい。

21　　　メールには，あなたが翌日，26日に星野の自宅に現金を取りに行くと書
　　　いてありますが，実際はどうしたんですか。

星野の自宅に取りに行きました。

22　　星野さんの自宅というのは戸田市の自宅ですね。

　　　　　そうです。

23　　原告は，あなたが戸田の星野さんの自宅に来た日に，同じ戸田市内の原告
　　の事務所にも行ったと言っているんだけど，そういうことはあったんですか。

　　　　　星野の自宅には行きましたが，原告の事務所には行っていません。

原告代理人

24　　星野さんに資金調達を委ねていたとのことですが，星野さんが調達した資
　　金の使途は星野さんが勝手に決められるのですか。

　　　　　グループホーム関係の支払等は星野に任せていました。ただし，グ
　　　　ループホーム事業で調達した資金を学習塾事業に回すということもあ
　　　　り，そういうときは私が星野に指示して資金移動させていました。

25　　星野さんから本件貸付けについてあなたに報告があったのはいつですか。

　　　　　はっきり覚えていませんが，その日に社員を通じて聞いたのではな
　　　　かったかと思います。

26　　平成２３年５月当時，あなたは星野さんと会っていましたか。

　　　　　事業が忙しく，ほとんど会ってはいないと思いますが，先ほど話し
　　　　たとおり，５月２６日に原告から借りたお金を星野のところに取りに
　　　　行ったことはあります。

27　　あなたは，平成２３年５月２６日に星野さんの自宅に行った後，坂本社長
　　の事務所にも立ち寄ったのではないですか。

　　　　　いいえ，そういう記憶はありません。

甲第５号証を示す

28　　この借受証は本件貸付けや別件貸付けの領収証の下書きということですが，
　　日付も含めてあなたが書いたことは間違いないのですね。

　　　　　はい。私の筆跡だと思います。

甲第6号証を示す

29　この借受証もあなたが書いたものですね。

　　　　　はい。これも私が書いています。

30　本件貸付けや別件貸付けは星野さんからの報告で知ったとのことですが，ということは，これらを作成した時点では，あなたは星野さんからその報告を受けていたということになりますか。

　　　　　・・・そうですね。

31　星野さんから借入れの報告を受けて，すぐにこれらの借受証を作成したのですか。

　　　　　そうとは限りません。

32　普通は，報告直後に作るものでしょう。甲第5号証は，平成23年5月26日に星野さんから本件貸付けの報告を受けて，その日に作成し，原告に届けたのではありませんか。

　　　　　いいえ，違います。

33　印影についても，借受証を書いて署名までした人が押印するのが一般的なのではありませんか。

　　　　　一般的にはそうかもしれませんが，この借受証については違います。
　　　　　私は，この印鑑は見たことも，押したこともありません。領収証の下書きに印鑑など押しませんよ。

甲第1号証を示す

34　本件契約書に押されている印鑑と先ほど示した借受証2通に押されている印鑑は同じものですね。

　　　　　同じものだと思います。でも，私の印鑑ではありませんし，私が押したものでもありません。

35　借受証ですが，事務員に領収証の作成を指示するためだけなら，「確かに金1，０００万円をお借り致しました。」などと丁寧に書く必要はないでしょう。

　　　　　・・・私が指示したとおりの領収証を作成してもらいたかったの
　　　で。

36　　そもそもあなたが書いた領収証の下書きをなぜ原告が保管しているのです
　　か。

　　　　　分かりませんが，星野を通じて入手したのではないでしょうか。

37　　あなたは領収証の下書きを捨てずに保管していたのですか。

　　　　　・・・捨て忘れていたのかもしれません。

38　　本当は，下書きではないのではありませんか。本当の領収証として作られ
　　たものでしょう。

　　　　　・・・・・・。

39　　５月２５日付けの借受証にも９月１日付けの借受証にも同じ印鑑が押され
　　ていて，しかも，甲第１号証の契約書にも同じ印鑑が押されているのですか
　　ら，この印鑑は，あなたのものなのではありませんか。

　　　　　いいえ，違います。私の印鑑ではありません。実は，この借受証は，
　　　本件貸付けや別件貸付けの領収証の下書きではないのです。私が警察
　　　から電子計算機使用詐欺罪の容疑を掛けられた際に，このような手書
　　　きの借受証を多数作成したことがあり，その中の２枚だと思います。

40　　どういうことですか。説明してください。

　　　　　私は，平成２４年５月頃，ある会社の預金を私が経営していたワコ
　　　ウの口座に不正に移したとして，平成２５年１０月に電子計算機使用
　　　詐欺罪の容疑で逮捕されたのですが，警察の捜査が始まったその年の
　　　１月頃，私は，浅はかにも警察を欺くための工作をしてしまったので
　　　す。つまり，ワコウに入金された預金の調達先が捜査の焦点となった
　　　ことから，私個人の借入金が原資であると説明するため，手書きの借
　　　受証を多数作成し，原告を含め親しい取引先に交付して，私個人に貸
　　　付けをしたとの証言をしてもらおうと依頼したのです。恐らくその際

に原告に渡ったのが今回提出された借受証だと思います。このときに
は，本件貸付けや別件貸付けのことは知っていましたから，日付や金
額を合わせて作りました。しかし，その際には印鑑は押していません。

41　なぜ，今になって突然，借受証の作成目的について陳述書と異なることを
言い出すのですか。

　　　　罪を逃れるためにこのような工作をしたことは，公にしたくはなか
　　　ったので，本当のことを言えなかったのです。

42　そうだとすると，なおさら押印はあなたがしたのではないですか。このよ
うな手書きの，しかも，押印もないメモで警察をだませるはずがないでしょ
う。

　　　　押印が重要とは思わなかったので，押しませんでした。

43　平成２４年５月頃に１億円もの預金を不正に自分の会社に移したとして有
罪判決を受けたということは，あなたは，平成２３年５月当時も，かなり金
に困っていたのではないですか。

　　　　金に困ってやったことではありません。

44　坂本社長から本件貸付けの返済を催促されたことはありませんか。

　　　　ありません。

45　平成２６年１月頃，田沢さんから，スリーパーが原告から借入れしている
か確認されたことがありますね。

　　　　私の刑事事件の弁護人であった小山内弁護士を通じて問合せがあり
　　　ました。ただ，そのときには契約書等の資料は見せられておりません。

46　あなたは，田沢さんに手紙で，原告からスリーパーで２０００万円の借入
れがあることを認めたのですか。

　　　　はい。でも，保証のことは一切聞かれていません。

47　星野さんがスリーパーの金を使い込んだというのは本当ですか。

　　　　平成２５年９月頃，田沢さんから指摘されて，二人で星野を問い詰

めたことがあります。星野は使い込みを認めました。

48　　　　星野さんと原告との関係が今どうなっているかは知っていますか。

　　　　　　　　知りません。

裁判官C

49　　　　星野さんからスリーパーの保証人になることを頼まれたことはありません

　　　か。

　　　　　　　　コピー機等のリース契約を結ぶときには保証人になったことはあり

　　　　　　　ましたが，本件貸付けについてはありません。

50　　　　平成２３年春頃，あなたと星野さんが坂本さんに資金援助を要請した際，

　　　坂本さんから融資に応じるが，保証をしてほしいと言われていませんか。

　　　　　　　　坂本社長から保証の話が出た記憶がありますが，私が了承したとい

　　　　　　　うことはありません。

51　　　　融資を依頼する立場のあなたが，保証の話を断れたのですか。

　　　　　　　　断ったわけではなく，ただ，聞いていただけです。詳しい融資条件

　　　　　　　は，後日，星野に交渉してもらうつもりでした。

　　　　　　　　　　　　　　　　　　　　　　　　　　　　　　以　上

（注）斜体部分は手書きである。

宣　誓

良心に従って真実を述べ，何事

も隠さず，偽りを述べないことを

誓います。

氏　名　　沢村俊治　㊞

平成２８年（ワ）第５７７号　保証債務履行請求事件

原　　　告　　株式会社ゴールドエース

被　　　告　　沢　村　俊　治

証　拠　申　出　書

受　付　印

平成２８年１１月９日

○○地方裁判所民事第○部　御中

原告訴訟代理人弁護士　甲　野　太　郎　㊞

第１　証人尋問の申出

　１　証人の表示

　　　〒○○○－○○○○　埼玉県戸田市近藤７丁目１番９号

　　　　　　星　野　真　人（同行・主尋問予定時間２０分）

　２　証明すべき事実

　（1）被告が，平成２３年５月２６日，原告との間で，同月２５日原告とスリーパー
　　　の間で締結された金銭消費貸借契約に係るスリーパーの貸金債務を保証するとの
　　　合意をした事実

　（2）上記(1)の合意が書面でされた事実

　３　尋問事項

　　　別紙１のとおり

第２　本人尋問の申出

　１　原告代表者の表示

　　　〒○○○－○○○○　埼玉県戸田市荒川４丁目１番１号

　　　　　　坂　本　新　矢　（同行・主尋問予定時間２０分）

　２　証明すべき事実

　（1）被告が，平成２３年５月２６日，原告との間で，同月２５日原告とスリーパー

の間で締結された金銭消費貸借契約に係るスリーパーの貸金債務を保証するとの
合意をした事実
(2) 上記⑴の合意が書面でされた事実
3 尋問事項
別紙2のとおり

尋 問 事 項 （証 人 星 野 真 人）

1　原告代表者と証人が知り合った経緯はどのようなものであったか。

2　被告と証人が知り合った経緯はどのようなものであったか。

3　証人が被告からスリーパーのグループホーム事業の資金調達を任せられていたか。

4　証人と被告が平成２３年春頃に原告代表者に資金提供のお願いに行ったか。

5　証人が平成２３年５月２５日に原告事務所に融資の依頼に行ったか。

6　原告代表者は，それに対し，どう応答したか。

7　甲第１号証に原告代表者が押印した経緯はどのようなものであったか。

8　甲第１号証に被告が押印した経緯はどのようなものであったか。

9　被告が持ち帰った契約書に押印をして証人に１通渡したことがあったか。

10　被告が証人に借入金の使途を指示したことがあったか。

11　証人が借入金のうち３００万円を引き出し，被告に渡したか。

12　証人が平成２３年９月１日に原告代表者に融資を依頼したことがあったか。

（別紙２）

尋 問 事 項（原告代表者 坂 本 新 矢）

1 原告代表者と星野真人が知り合った経緯はどのようなものであったか。

2 原告代表者と被告が知り合った経緯はどのようなものであったか。

3 原告が被告の事業にいかなる協力をしたか。

4 原告が平成２３年５月２５日にスリーパーに貸付けをした経緯はどのようなもので
あったか。

5 原告代表者が甲第１号証に押印し，コピーを取ったか。

6 原告が平成２３年５月２５日にスリーパーの口座に１０００万円を振り込んだか。

7 被告が平成２３年５月２６日に原告事務所に来て，押印した甲第１号証と甲第５号証
を交付したことがあったか。

8 スリーパーが貸付金を返済したか。

9 原告が，平成２３年９月１日にスリーパーに１０００万円を追加融資したことがある
か。

10 乙第１号証に被告の押印がない理由は何か。

平成２８年（ワ）第５７７号　保証債務履行請求事件
原　　　告　　株式会社ゴールドエース
被　　　告　　沢村俊治

直送済

証　拠　申　出　書

受 付 印

平成２８年１１月１６日

○○地方裁判所民事第○部　御中

被告訴訟代理人弁護士　乙　野　花　子　㊞

第１　証人尋問の申出

　１　証人の表示

　　　〒○○○－○○○○　埼玉県志木市君塚３丁目１番４号

　　　　　　田　沢　　　裕　　（同行・主尋問予定時間１０分）

　２　証明すべき事実

　　　被告が本件連帯保証契約を締結していないこと

　３　尋問事項

　　　別紙１のとおり

第２　本人尋問の申出

　１　被告本人の表示

　　　〒○○○－○○○○　東京都足立区堀切２丁目２番８号

　　　　　　沢　村　俊　治　　（同行・主尋問予定時間２０分）

　２　証明すべき事実

　　　被告が本件連帯保証契約を締結していないこと

　３　尋問事項

　　　別紙２のとおり

以　上

（別紙1）

尋　問　事　項　（証人　田　沢　　　裕）

1　証人がスリーパーの代表者となった経緯はどのようなものであったか。

2　平成26年1月14日に原告代表者がスリーパーの事務所に来たことがあったか。

3　原告代表者はその際何と言ったか。

4　原告代表者はどのような資料を持参していたか。

5　その資料を後にファックスしてもらったか。

6　ファックスされた契約書（乙1）に被告の押印があったか。

7　スリーパーの返済の状況はどのようなものであったか。

（別紙2）

尋　問　事　項（被告本人　沢　村　俊　治)

1　被告が星野真人と知り合った経緯はどのようなものであったか。

2　被告が原告代表者と知り合った経緯はどのようなものであったか。

3　被告は，スリーパーでどのような活動をしていたか。

4　スリーパーの資金調達について星野真人に任せていたか。

5　被告が甲第1号証を見たことがあるか。

6　被告が甲第1号証の被告の印影を見たことがあるか。

7　被告が甲第5号証を見たことがあるか。

8　甲第5号証の作成経緯はどのようなものであったか。

第　3　分　類

訴 訟 委 任 状

受付印

平成28年8月19日

住　　所　　〒○○○−○○○○

埼玉県戸田市荒川4丁目1番1号

委任者　　株式会社ゴールドエース

代表取締役　坂　本　新　矢　㊞

私は，次の弁護士を訴訟代理人と定め，下記の事件に関する各事項を委任します。

弁護士　　甲　野　太　郎

住　　所　　〒○○○−○○○○

東京都港区天路1丁目1番2号

甲野法律事務所

電　　話　　○○−○○○○−○○○○

ＦＡＸ　　○○−○○○○−○○○○

記

第1　事件

1　相手方

被　告　沢　村　俊　治

2　裁判所

○○地方裁判所民事部

3　事件の表示

保証債務履行請求事件

第2　委任事項

1　原告がする一切の行為を代理する権限

2　反訴の提起

3　訴えの取下げ，和解，請求の放棄若しくは認諾又は訴訟参加若しくは訴訟
　引受けによる脱退

4　控訴，上告若しくは上告受理申立て又はこれらの取下げ

5　手形訴訟，小切手訴訟又は少額訴訟の終局判決に対する異議の取下げ又は
　その取下げについての同意

6　復代理人の選任

訴 訟 委 任 状

平成２８年９月５日

住　　所　　〒○○○−○○○○

東京都足立区堀切２丁目２番８号

委任者　　沢　村　俊　治　㊞

私は，次の弁護士を訴訟代理人と定め，下記の事件に関する各事項を委任します。

弁護士　　乙　野　花　子

住　　所　　〒○○○−○○○○

東京都千代田区乾４丁目８番１号

乙野法律事務所

電　話　　○○−○○○○−○○○○

ＦＡＸ　　○○−○○○○−○○○○

記

第１　事件

1　相手方

原　告　株式会社ゴールドエース

2　裁判所

○○地方裁判所民事第○部

3　事件の表示

平成２８年（ワ）第５７７号　保証債務履行請求事件

第２　委任事項

1　被告がする一切の行為を代理する権限

2　反訴の提起

3　訴えの取下げ，和解，請求の放棄若しくは認諾又は訴訟参加若しくは訴訟
引受けによる脱退

4　控訴，上告若しくは上告受理申立て又はこれらの取下げ

5　手形訴訟，小切手訴訟又は少額訴訟の終局判決に対する異議の取下げ又は
その取下げについての同意

6　復代理人の選任

代 表 者 事 項 証 明 書

会社法人等番号　　○○○○－○○－○○○○○○

商　　　　号　　　株式会社ゴールドエース

本　　　　店　　　埼玉県戸田市荒川四丁目１番１号

代表者の資格、住所及び氏名

　　　　　　　　　埼玉県戸田市荒川四丁目１番１号

　　　　　　　　　代表取締役　　　坂 本 新 矢

　　　　　　　　　　　　　　以 下 余 白

　　　これは上記の者の代表権に関して登記簿に記録されている現に効力を有する事
　　　項の全部であることを証明した書面である。
　　　　　　　　　平成２８年８月１８日
　　　　　　　　○○地方法務局
　　　　　　　　登記官　　　　　　　　　　　　某　　　　　　印

整理番号　○○○○○○○　　　　　　　　　　　　　　　　　　　　○／○

- 117 -

受付印

平成２８年（ワ）第５７７号　保証債務履行請求事件

原告　株式会社ゴールドエース

被告　沢　村　俊　治

平成２８年８月２５日

期　日　請　書

○○地方裁判所民事第○部　御中

原告訴訟代理人弁護士　　甲　野　太　郎　㊞

　頭書事件につき，口頭弁論期日を下記のとおり指定告知されたので，同期日に出
頭します。

記

平成２８年９月２１日　午前１０時００分

以　上

郵 便 送 達 報 告 書 （ 住 所 ， 居 所 等 用 ）		発 送 年月日	平 成 ２８ 年 ８ 月 ２５ 日

事 件 番 号	平 成 ２８ 年 （ ワ ） 第 ５７７ 号		

送 達 書 類	書類の名称		訴状副本 平成２８年９月２１日午前１０時００分口頭弁論期日呼出状 及び答弁書催告状 甲第１号証から甲第４号証までの各写し 証拠説明書副本
	差 出 人	所在地	（記載省略）
		名 称	○○地方裁判所民事第○部
	受送達者 本人氏名		沢村俊治

受 領 者 の 押 印 又 は 署 名	㊞
送 達 の 場 所	郵便番号　○○○－○○○○ 東京都足立区堀切２丁目２番８号
送 達 年 月 日 時	平成　２　８　年　　８　月　２　６　日　１　３　時

送 達 方 法	①	受送達者本人に渡した。		
	2	受送達者本人に出会わなかったので，書類の受領について相当のわきまえがあると認められる次の者に渡した。		
		ア　使用人・従業者　　　　イ　同居者 　　　　　　　　　（氏名：　　　　　　　　　　　　　　　　　　　　）		
	3	次の者が正当な理由なく受取りを拒んだので，その場に差し置いた。		
		ア　受送達者本人　　　　イ　使用人・従業者　　　　ウ　同居者 　　　　　　　　　（氏名：　　　　　　　　　　　　　　　　　　　　）		
	4	営業所に出向いた書類の受領について相当のわきまえがあると認められる次の者に渡した。		
		ア　使用人・従業者　　　　イ　同居者 　　　　　　　　　（氏名：　　　　　　　　　　　　　　　　　　　　）		

上記のとおり送達しました。

　　　　　　　　　　　　　　　　平 成 ２８ 年 ８ 月 ２６ 日

配達担当者

　　　　　　　　○○郵便局　　　○　○　○　○　　㊞

受 付 印

上記送達に係る郵便物が適正に送達されたこと及びその送達に関する事項が適正に記載されていることを確認しました。 　　　　　　　　　　　　平 成 ２８ 年 ８ 月 ２６ 日 郵便認証司 　　　　　　　　○○郵便局　　　○　○　○　○　　㊞	差出人記入欄

受 付 印

平成２８年９月１４日

送 信（付）書

○○地方裁判所民事第○部　　　　御中（ＦＡＸ○○○－○○○－○○○○）
原告代理人弁護士　甲　野　太　郎　殿（ＦＡＸ○○－○○○○－○○○○）

被告代理人弁護士　乙　野　花　子　㊞
ＴＥＬ　　○○－○○○○－○○○○
ＦＡＸ　　○○－○○○○－○○○○

○○地方裁判所民事第○部　平成２８年（ワ）第５７７号　保証債務履行請求事件
　　原　告　株式会社ゴールドエース
　　被　告　沢　村　俊　治
次 回 期 日　平成２８年９月２１日　午前１０時００分

送信文書内容
平成２８年９月１４日付け（答弁書・準備書面・証拠申出書・証拠説明書・
　　　　　　　書証　　　　　　　・送付嘱託申立書・その他
　　　　　　　書証認否書　　　　）

　上記のとおり，本書を含めず合計 3 枚を（ＦＡＸ・郵便）により直送します。
　受領後は直ちに，落丁や送信ミスの有無を確認のうえ，下記「受領書」部分に必要
事項を記入して，当代理人及び○○地方裁判所民事第○部の双方宛てに本書面をその
まま郵送又はＦＡＸにて送信（付）して下さい。

---（切り取らない）---

受 　領 　書

○○地方裁判所民事第○部　　　　御中
被告代理人弁護士　乙　野　花　子　殿

上記事件につき，上記送信文書 3 枚を平成２８年９月１４日受領しました。
　　　　　　　　　氏 　名　原告代理人弁護士　甲　野　太　郎　㊞

受 付 印

送信（付）書

○○地方裁判所民事第○部　　　御中（ＦＡＸ○○○－○○○－○○○○）
被告代理人弁護士　乙 野 花 子　殿（ＦＡＸ○○－○○○○－○○○○）

原告代理人弁護士　甲 野 太 郎　㊞
　　TEL　○○－○○○○－○○○○
　　FAX　○○－○○○○－○○○○

○○地方裁判所民事第○部　平成２８年（ワ）第５７７号　保証債務履行請求事件
　原　告　株式会社ゴールドエース
　被　告　沢 村 俊 治
次 回 期 日　平成２８年１０月２１日　午前１１時３０分

送信文書内容
平成２８年１０月４日付け（答弁書・準備書面・証拠申出書・証拠説明書・
　　　　　　　　　　書証　甲５・６　・送付嘱託申立書・その他　　　　）

　上記のとおり，本書を含めず合計　５　枚を（Ｆ㊐Ｘ・郵便）により直送します。
　受領後は直ちに，落丁や送信ミスの有無を確認のうえ，下記「受領書」部分に必要
事項を記入して，当代理人及び○○地方裁判所民事第○部の双方宛てに本書面をその
まま郵送又はＦＡＸにて送信（付）して下さい。

-------------------------------（切り取らない）-------------------------------

受　領　書

○○地方裁判所民事第○部　　　御中
原告代理人弁護士　甲 野 太 郎　殿

上記事件につき，上記送信文書　５　枚を平成２８年１０月４日受領しました。
　　　　　　　氏 名　被告代理人弁護士　乙 野 花 子　㊞

受 付 印

平成２８年１０月１１日

送 信 （付） 書

○○地方裁判所民事第○部　　　御中（ＦＡＸ○○○－○○○－○○○○）
原告代理人弁護士　甲　野　太　郎　殿（ＦＡＸ○○－○○○○－○○○○）

　　　　　　　　　　　　　　　被告代理人弁護士　乙　野　花　子　㊞
　　　　　　　　　　　　　　　　ＴＥＬ　○○－○○○○－○○○○
　　　　　　　　　　　　　　　　ＦＡＸ　○○－○○○○－○○○○

○○地方裁判所民事第○部　平成２８年（ワ）第５７７号　保証債務履行請求事件
　　原　告　株式会社ゴールドエース
　　被　告　沢　村　俊　治
次　回　期　日　平成２８年１０月２１日　午前１１時３０分

送信文書内容
平成２８年１０月１１日付け（答弁書・準備書面・証拠申出書・証拠説明書・
　　　　　　　　　　　書証　乙１～４　・送付嘱託申立書・その他
　　　　　　　　　　　書証認否書　　　　　）

　　上記のとおり，本書を含めず合計 ７ 枚を（ＦＡＸ・郵便）により直送します。
　　受領後は直ちに，落丁や送信ミスの有無を確認のうえ，下記「受領書」部分に必要
事項を記入して，当代理人及び○○地方裁判所民事第○部の双方宛てに本書面をその
まま郵送又はＦＡＸにて送信（付）して下さい。

---------------------------------（切り取らない）---------------------------------

受　　領　　書

○○地方裁判所民事第○部　　　御中
被告代理人弁護士　乙　野　花　子　殿

上記事件につき，上記送信文書 ７ 枚を平成２８年１０月１１日受領しました。
　　　　　　　　　　　　　氏　名　原告代理人弁護士　甲　野　太　郎　㊞

平成２８年１１月９日

（受付印）

送 信 （付） 書

○○地方裁判所民事第○部　　　御中（ＦＡＸ○○○−○○○−○○○○）
被告代理人弁護士　乙　野　花　子　殿（ＦＡＸ○○−○○○○−○○○○）

原告代理人弁護士　甲　野　太　郎　㊞
TEL　○○−○○○○−○○○○
FAX　○○−○○○○−○○○○

○○地方裁判所民事第○部　平成２８年（ワ）第５７７号　保証債務履行請求事件
　原　告　株式会社ゴールドエース
　被　告　沢村俊治
次　回　期　日　平成２８年１１月１８日　午後２時３０分

送信文書内容
平成２８年１１月９日付け（答弁書・準備書面・証拠申出書・証拠説明書・
　　　　　　　　　　書証　甲７〜１２・送付嘱託申立書・その他　　　　　　）

　上記のとおり，本書を含めず合計 18 枚を（ＦＡＸ・郵便）により直送します。
　受領後は直ちに，落丁や送信ミスの有無を確認のうえ，下記「受領書」部分に必要
事項を記入して，当代理人及び○○地方裁判所民事第○部の双方宛てに本書面をその
まま郵送又はＦＡＸにて送信（付）して下さい。

-------------------------（切り取らない）-------------------------

受　領　書

○○地方裁判所民事第○部　　　御中
原告代理人弁護士　甲　野　太　郎　殿

上記事件につき，上記送信文書 18 枚を平成２８年１１月９日受領しました。
　　　　　　　　氏　名　被告代理人弁護士　乙　野　花　子　㊞

— 123 —

平成２８年１１月１６日

（受付印）

送 信 （付） 書

○○地方裁判所民事第○部　　　　御中（ＦＡＸ○○○−○○○−○○○○）
原告代理人弁護士　甲　野　太　郎　殿（ＦＡＸ○○−○○○○−○○○○）

　　　　　　　　　　　　　　　　　被告代理人弁護士　乙　野　花　子　㊞
　　　　　　　　　　　　　　　　　　ＴＥＬ　　○○−○○○○−○○○○
　　　　　　　　　　　　　　　　　　ＦＡＸ　　○○−○○○○−○○○○

○○地方裁判所民事第○部　平成２８年（ワ）第５７７号　保証債務履行請求事件
　原　告　株式会社ゴールドエース
　被　告　沢　村　俊　治
次　回　期　日　平成２８年１１月１８日　午後２時３０分

送信文書内容
平成２８年１１月１６日付け（答弁書・準備書面・証拠申出書・証拠説明書・
　　　　　　　　　　　　書証　乙５・６　・送付嘱託申立書・その他
　　　　　　　　　　　　書証認否書　　　　）

　上記のとおり，本書を含めず合計 10 枚を（ＦＡＸ・郵便）により直送します。
　受領後は直ちに，落丁や送信ミスの有無を確認のうえ，下記「受領書」部分に必要
事項を記入して，当代理人及び○○地方裁判所民事第○部の双方宛てに本書面をその
まま郵送又はＦＡＸにて送信（付）して下さい。

---（切り取らない）---

受　　領　　書

○○地方裁判所民事第○部　　　　御中
被告代理人弁護士　乙　野　花　子　殿

上記事件につき，上記送信文書 10 枚を平成２８年１１月１６日受領しました。
　　　　　　　　　　　　　氏　名　原告代理人弁護士　甲　野　太　郎　㊞

第4版　民事訴訟第一審手続の解説
　　　　 —事件記録に基づいて—　　　　　　　　　　　書籍番号　　500201

平成元年 4 月 1 日　　第 1 版第 1 刷発行
平成 6 年 3 月10日　　新　版第 1 刷発行
平成11年 5 月10日　　3 訂版第 1 刷発行
平成13年 6 月25日　　4 訂版第 1 刷発行
令和 2 年 2 月10日　　第 4 版第 1 刷発行
令和 4 年11月10日　　第 4 版第 2 刷発行

　　　　　　　　　　　　　監　修　　司　法　研　修　所
　　　　　　　　　　　　　発 行 人　　門　　田　　友　　昌

　　　　　発 行 所　一般財団法人　法　曹　会

　　　　　　　〒100-0013　東京都千代田区霞が関1-1-1
　　　　　　　　　　　振替口座　00120-0-15670
　　　　　　　　　　　電　　話　03-3581-2146
　　　　　　　　　　　http://www.hosokai.or.jp/

　落丁・乱丁はお取替えいたします。　　　　印刷製本／（株）キタジマ

　　　　　　　　　ISBN 978-4-86684-033-8